U0588533

王氏家学识文断字系列丛书第一册

識文斷字之識文

达夫　秦琼　王晶晶　著

閻秉會題

中国文史出版社

图书在版编目（CIP）数据

识文断字之识文 / 达夫著. -- 北京 : 中国文史出版社, 2023.11
ISBN 978-7-5205-4360-6

Ⅰ. ①识… Ⅱ. ①达… Ⅲ. ①汉字 – 通俗读物 Ⅳ. ①H12-49

中国国家版本馆CIP数据核字(2023)第186242号

责任编辑：方云虎

出版发行：中国文史出版社
社　　址：北京市海淀区西八里庄路 69 号院　邮编：100142
电　　话：010-81136606　81136602　81136603（发行部）
传　　真：010-81136655
印　　装：廊坊市海涛印刷有限公司
经　　销：全国新华书店
开　　本：16 开
印　　张：13.125
插　　图：113 幅
字　　数：50 千字
版　　次：2024 年 1 月北京第 1 版
印　　次：2024 年 1月第 1 次印刷
定　　价：68.00 元

文史版图书，版权所有，侵权必究。
文史版图书，印装错误可与发行部联系退换

達夫先生自作序言

大學有言格物致知誠意正心修身齊家治國平天下自天
子以至于庶人壹是皆以修身為本 父母修身則家教家學有
為人父者必言傳身教以身作則 教子有小成可孝親
興家 有大成可忠君報國皆自父母家教始 本立而道生

王氏家學重義理輕名利
欲治病救人學醫則可 欲謀名利而學醫則不可
欲教書育人為師則可 欲謀名利而教學則不可
欲報效國家求學則可 欲謀名利而求學則不可
為民謀身居顯位則可 為己謀身居顯位則不可
為人父母為人師表不可不察 不可不教其義理
子孫後代本本分分腳踏實地 不求虛名妄利修己安人則家
興國強 祇求功名利祿唯利是圖且無畏前行必然身敗名裂
家破人亡悔之晚矣

文詩書畫樂韻數同源

童子開蒙蒙以養正何為正正其心念正其義理童蒙養正者使童子心存正義心存正義則無邪思無邪念是為童蒙養正文者啟其智守其慧求其本心正為本文以載道童子求學開蒙必先識文而後斷字文字與詩書畫樂韻數同源書與畫同本而異枝外異其形内同其本書中有畫意畫中有書氣學畫先學書無書畫難成詩中有畫畫中亦有詩詩重情而畫重意畫無詩則意淡詩無畫則情薄情到深處意到濃時方可詩情畫意無韻詩不成無樂情難宣有韻可作詩有樂能宣情書難盡言言難盡意意之難盡為詩為書為畫為樂情志方出小兒為學當以詩教書教畫教樂教同一而為方可潤其心性心志開則蒙開蒙開則心正心正則義理正義理正可入小學乃至大學聖人為教曰思無邪心無邪思雜念三歲見其大七歲見其老則一生可安也

達夫先生作文

目錄

識文

道象數第一

結繩記事

一 二 三 四 五 六 七 八 九 十 廿 卅 卌 百 皕 千

萬 億 兆

一 二 三 亖 㐅 亣 十 八 九 十 廿 卅 卌 百 皕 千

萬 十 士

契 約 介 員 毌 朋

契 約 介 員 毌 朋

大約也
纏束也
畫也 中介
物數也
穿物持之也
輔也 拜

朋 合 同

契

約

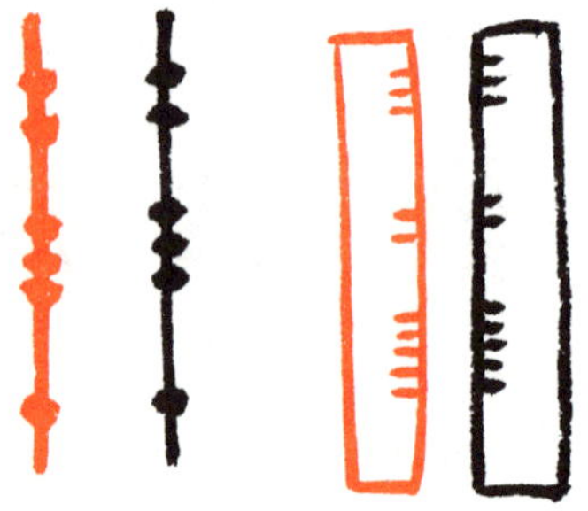

一生二 二生三 三生萬物

一陰一陽三為多數

○同零 數之空位也 計數也

數理

一生二二生三三生萬物

太極

兩儀	
⚊	陽
⚋	陰

四象	
⚌	太陽
⚍	少陰
⚎	少陽
⚏	太陰

八卦			
☰	乾天	☷	坤地
☱	兌澤	☶	艮山
☲	離火	☵	坎水
☳	震雷	☴	巽風

算籌

	一	二	三	四	五	六	七	八	九
橫式	𝍩	𝍪	𝍫	𝍬	|	𝍮	𝍯	𝍰	𝍱
縱式	𝍠	𝍡	𝍢	𝍣	一	𝍥	𝍦	𝍧	𝍨

正算用玄籌
負算用赤籌
故曰赤字

珠心算

上珠以一當五
自由進位制

佔位用〇讀零

十六進制　十進制　二進制

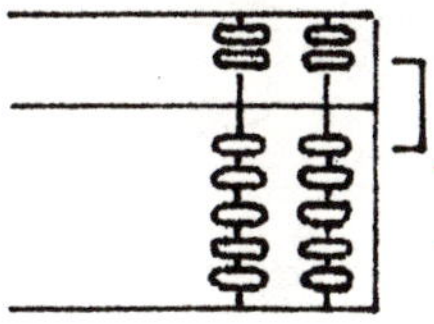

一隻金烏二三家四五船上聞鳴蛙六七
頑童方睡醒八九十鯉逃漁叉

童趣其一 達夫先生作圖

童趣 其二

十畝桃園九里香
引得八方綠蝶忙
七棵樹上折六枝
五四三二插一堂

達夫先生作
詩畫

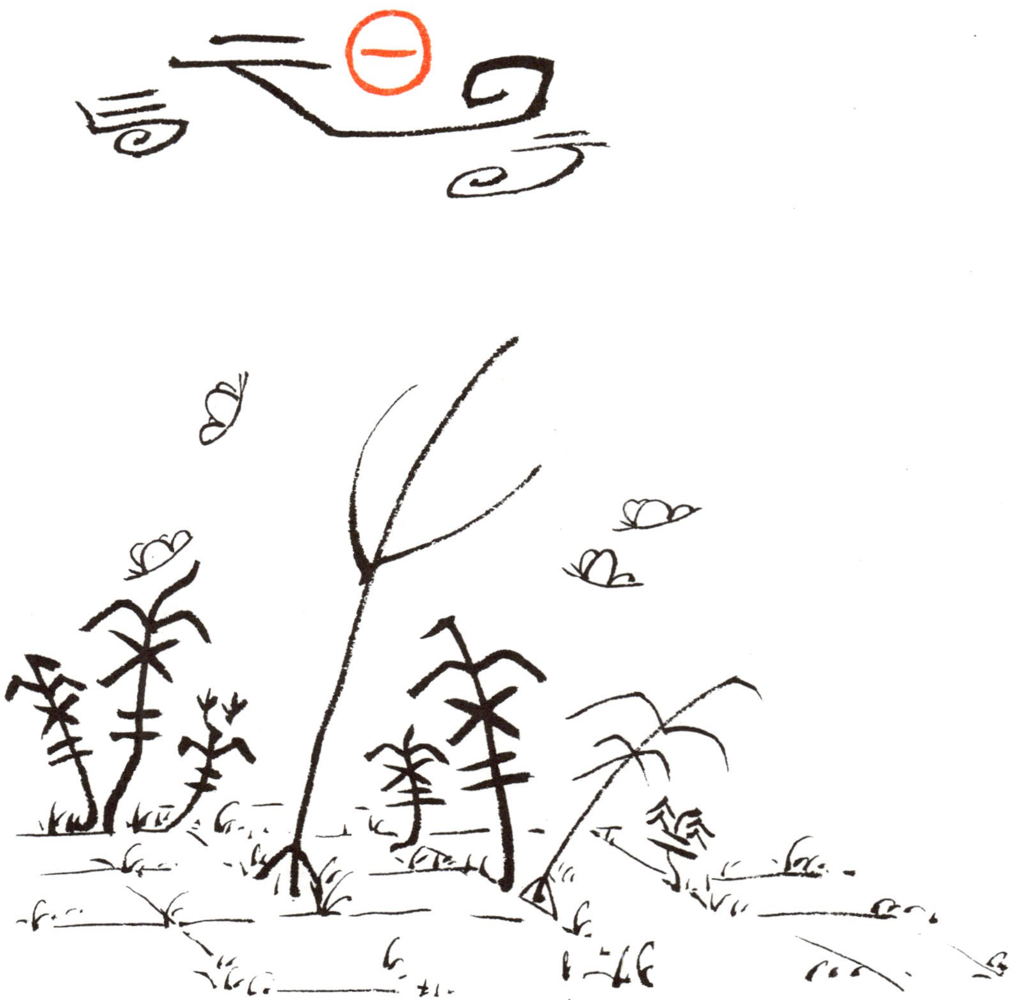

道象數

飛雪

大清愛新覺羅弘曆

一片一片又一片两片三片四五片六片七片八九片飛入蘆花都不見

達夫先生作圖

詩

詩 詩 詩 詩 詩

詩者志也 从言寺聲 毛詩序曰 詩者志之所之也 在心為志

詠美人

一名大喬二
小喬三寸金
蓮四寸腰買
得五六七點
粉妝成八九
十分嬌

清李調元

咏月

十九月亮八
分圓七個才
子六齣癲五
更四點鷄三
唱懷抱二月
一枕眠

清李調元

對聯

兩句為聯 四句為絶句 始於六朝 原非近體
言簡意深 對仗工整 平仄協調 字數相同 結構相同

十九月八分圓 七個才子六箇癲 五更四鼓鷄三唱 二喬大喬一人占

上聯仄聲收尾

一大喬二小喬 三寸金蓮四寸腰 五匣六盒七彩粉 八分九分十倍嬌

下聯平聲收尾

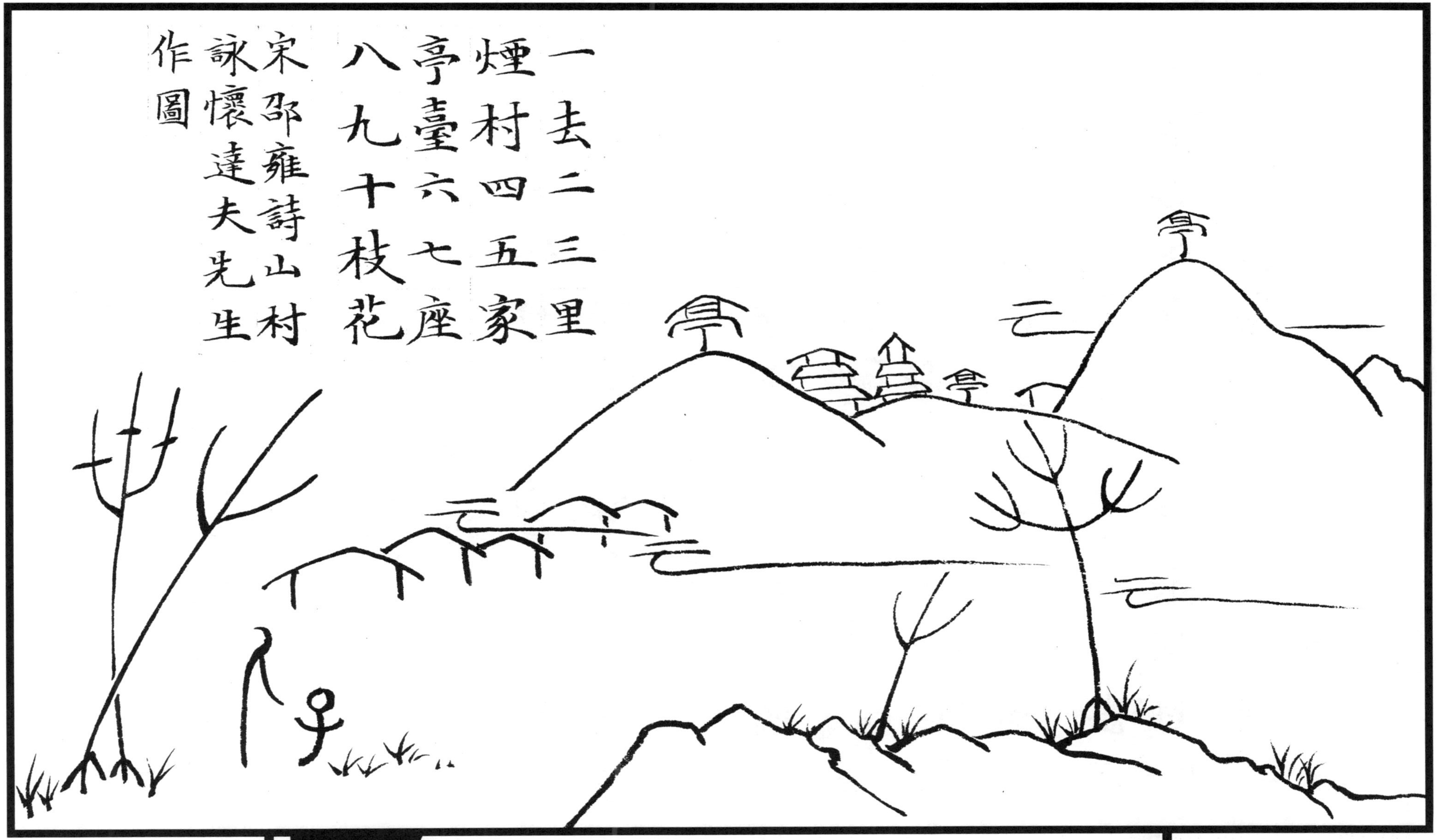
一去二三里
煙村四五家
亭臺六七座
八九十枝花
宋邵雍詩山村
詠懷達夫先生
作圖
亭
亭
亭

選修

怨郎詩

一朝別後二地相懸只說是三
四月又誰知五六年七弦琴無
心彈八行書無可傳九連環從
中折斷十里長亭望眼欲穿百
相思千繫念萬般無奈把郎怨
萬語千言說不完百無聊賴十
依欄杆重九登高看孤雁八月
仲秋月圓人不圓七月半秉燭
燒香問蒼天六月三伏天人〻
搖扇我心寒五月石榴紅似火
偏遇陣〻冷雨澆花端四月枇
杷未黃我欲對鏡心意亂忽匆
匆三月桃花隨水轉飄零〻二
月風箏線兒斷噫郎呀郎巴不
得下一世你為女來我為男

卓文君罵司馬相如

天地

日	ㄖˋ	實也 太陽之精不虧 从口一 象形
月	ㄩㄝˋ	闕也 大陰之精 象形
夕	ㄒㄧ	莫也 从月半見
星	ㄒㄧㄥ	萬物之精 上為列星 从晶生聲 一曰象形
彗	ㄏㄨㄟˋ	掃竹也 从又持甡
火	ㄏㄨㄛˇ	燬也 南方之行 炎而上 象形
電 电	ㄉㄧㄢˋ	陰陽激燿也 从雨从申
雷	ㄌㄟˊ	陰陽薄動靁雨生物者也 从雨 畾象回轉形
雲 云	ㄩㄣˊ	山川气也 从雨 云象雲回轉形
雨	ㄩˇ	水从雲下也 一象天 冂象雲 水霝其間也

雹 ㄅㄠˊ　雪 ㄒㄩㄝˇ　水 ㄕㄨㄟˇ　氵　沙 ㄕㄚ ㄕㄚˇ　𡿨 ㄑㄩㄢˇ　巜 ㄎㄨㄞˋ　川　巛 ㄔㄨㄢ　州 ㄓㄡ　泳　永 ㄩㄥˇ　派　𠂢 ㄆㄞˋ

雹　雨冰也　从雨包聲

雪　凝雨　說物者　从雨彗聲

水　準也　北方之行　象眾水並流　中有微陽之气也

沙　水散石也　从水从少　水少沙見　楚東有沙水

𡿨　畎　水小流也　周禮　匠人為溝洫　耜廣五寸　二耜為耦　一耦之伐　廣尺深尺謂之𡿨　倍𡿨謂之遂　倍遂曰溝　倍溝曰洫　倍洫曰巜

巜　水流澮澮也　方百里為巜　廣二尋　深二仞

川　貫穿通流水也　虞書曰　濬𡿨巜距川　言深𡿨巜之水會為川也

州　州　水中可居曰州　周遶其旁　从重川　昔堯遭洪水　民居水中高土　或曰九州　詩曰　在河之州　一曰州　疇也　各疇其土而生之

永　長也　象水巠理之長　詩曰　江之永矣

𠂢　别水也　从水从𠂢　𠂢亦聲

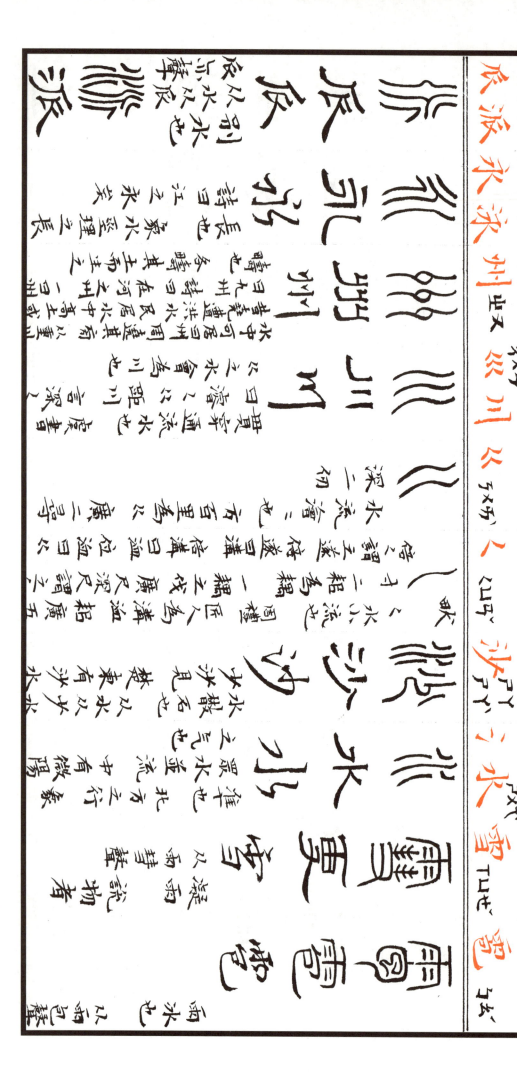

派

山	ㄕㄢ	宣也 宣气
岩 嵒	ㄧㄢˊ	山嵒巖也 从山品；嵒巖 岸也
石	ㄕˊ ㄉㄢˋ	山石也 在厂之下 口 象形
厂 厂	ㄏㄢˇ	
原	ㄩㄢˊ	水泉本也 从泉 出厂下
泉	ㄑㄩㄢˊ	水原也 象水流 出成川形
氐	ㄉㄧ ㄉㄧˇ	至也 从氏下著一 一 地也
氏	ㄕˋ ㄓ	巴蜀山名岸脅之旁著欲落墒者曰氏 氏崩聞數百里 象形
冰 仌	ㄅㄧㄥ	水堅也 从仌 从水
淵 㴊	ㄩㄢ	回水也 从水 象形

天地

匹 ㄆㄧˇ
四丈也 从八匸 八揲一匹 八亦聲

阜 ㄈㄨˋ 左阝
大陸 山無石者

谷 ㄍㄨˇ
泉出通川為谷 从水半見 出於口 穀

凶 ㄒㄩㄥ
惡也 象地穿交陷其中也
兇 擾恐也 从人在凶下

坎 ㄎㄢˇ
陷也

土 ㄊㄨˇ
地之吐生物者也 二象地之下地之中 物出形也

金 ㄐㄧㄣ
五色金也 黃為之長 久薶不生衣 百鍊不輕 从革不違 西方之行 生於土 从土 左右注 象金在土中形 今聲

气 ㄑㄧˋ
雲气也 象形 氣 饋客芻米也 从米 气聲

日照香爐生紫煙遥看瀑布掛前川飛
流直下三千尺疑是銀河落九天
唐李白詩望廬山瀑布達夫先生作圖

白日依山盡黃河入海流欲窮千
里目更上一層樓

唐王之渙詩登鸛雀樓
達夫先生作圖

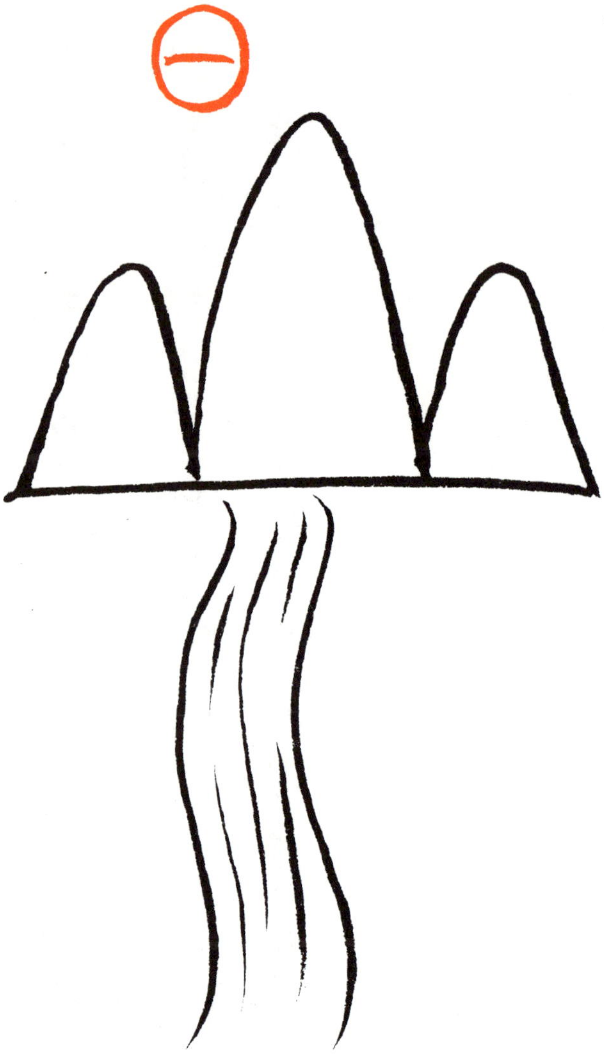

草木其三

草部

屯 ㄊㄨㄣˊ ㄓㄨㄣ

難也。象草木之初生，屯然而難。从屮貫一。剛柔始交而難生。

屮 ㄔㄜˋ ㄘㄠˇ

艸木初生也。象丨出形，有枝莖也。古文或以爲艸字。讀若徹。

艸 ㄘㄠˇ

草斗，櫟實也。今俗以此爲艸木之艸，別作皂字，為黑色之皂。

生 ㄕㄥ

進也。象草木生出土上。

世 ㄕˋ

三十年為一世。从卅而曳長之，亦取其聲也。

韭 ㄐㄧㄡˇ

菜名。一種而久者，故謂之韭。象形，在一之上。一，地也。此與耑同意。

丰 ㄈㄥ

艸盛。

豐

豆之豐滿者也。从豆，象形。一曰「鄉飲酒」有豐侯者。

瓜 ㄍㄨㄚ

蓏也。象形。

竹 ㄓㄨˊ 笁

冬生艸也。象形。下垂者，箁箬。

禾 ㄏㄜˊ　齊 ㄑㄧˊ ㄓㄞ　來 ㄌㄞˊ　麥 ㄇㄞˋ　米 ㄇㄧˇ　煮 ㄓㄨˇ　榮 ㄖㄨㄥˊ　穆 ㄇㄨˋ　黍 ㄕㄨˇ　垂 ㄔㄨㄟˊ　叔 ㄕㄨ

禾：嘉穀也 二月始生 八月而孰 得時之中 故謂之禾

齊：禾麥吐穗上平也 象形

來：周所受瑞麥來麰

麥：芒穀 秋種厚薶 故謂之麥 麥金也 金王而生 火王而死 从來 有穗者 从夊

米：粟實也 象禾實之形

煮：孚也 煮 鬻或从火 鬻

榮：桐木也 一曰屋梠之兩頭起者為榮 木謂之華 草謂之榮 不榮而實謂之秀 榮而不實謂之英

穆：禾也

黍：黃米 禾屬而黏者也 以大暑而種 故謂之黍 孔子曰 黍可為酒 禾入水也

垂：遠邊也

叔：拾也 从又尗聲 汝南名收芌為叔

耑 ㄉㄨㄢ ㄓㄨㄢ

物初生之題也上象生形下象其根也

鋤禾日當午汗滴禾下土誰知盤中餐粒粒皆辛苦

唐李紳憫農其二達夫先生作圖

賦得古原草送別

離〻原上草
一歲一枯榮
野火燒不盡
萅風吹又生
遠芳侵古道
晴翠接荒城
又送王孫去
萋〻滿別情

唐白居易詩達夫
先生作圖

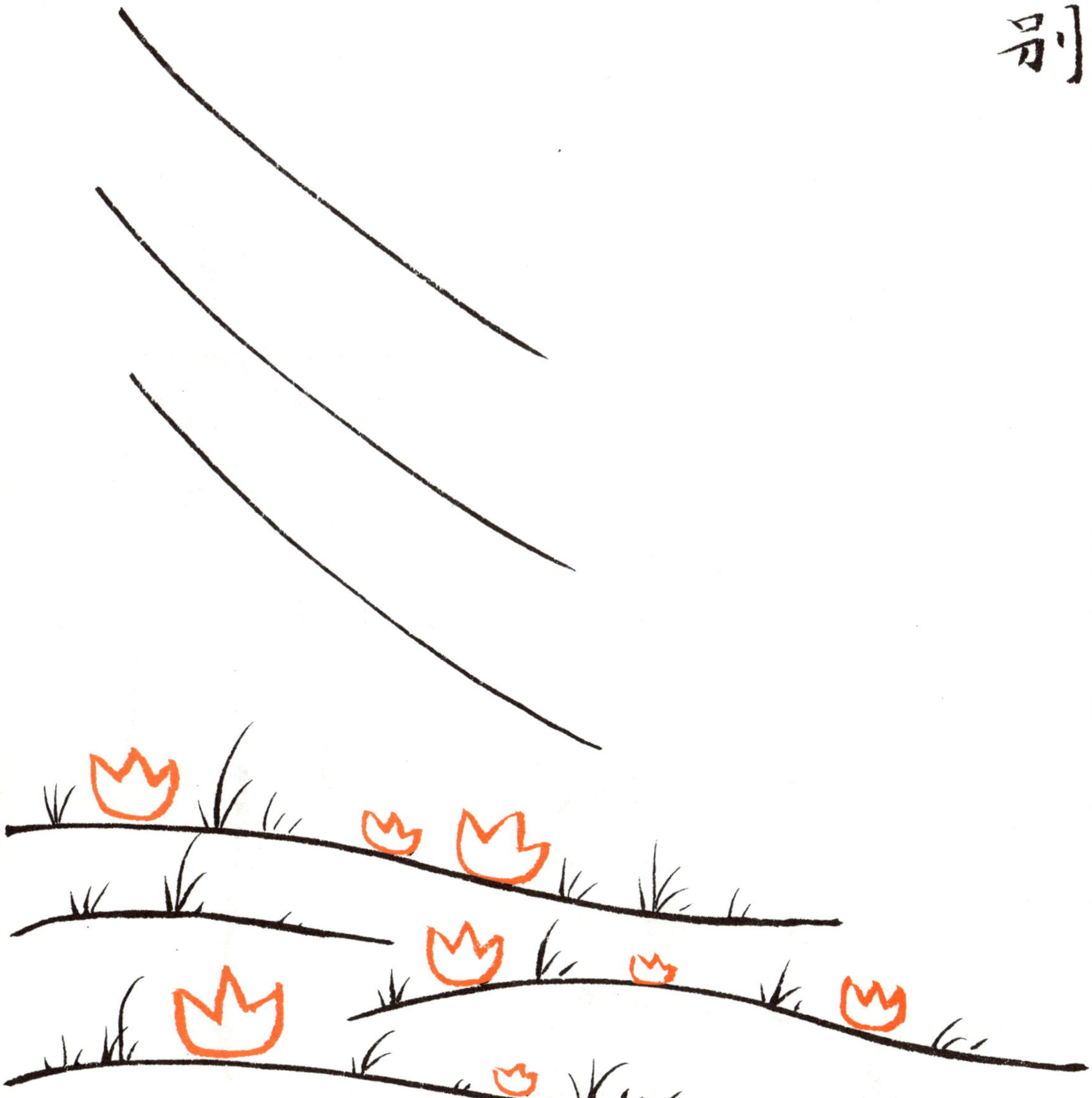

不可怨天尤人
須下學上達

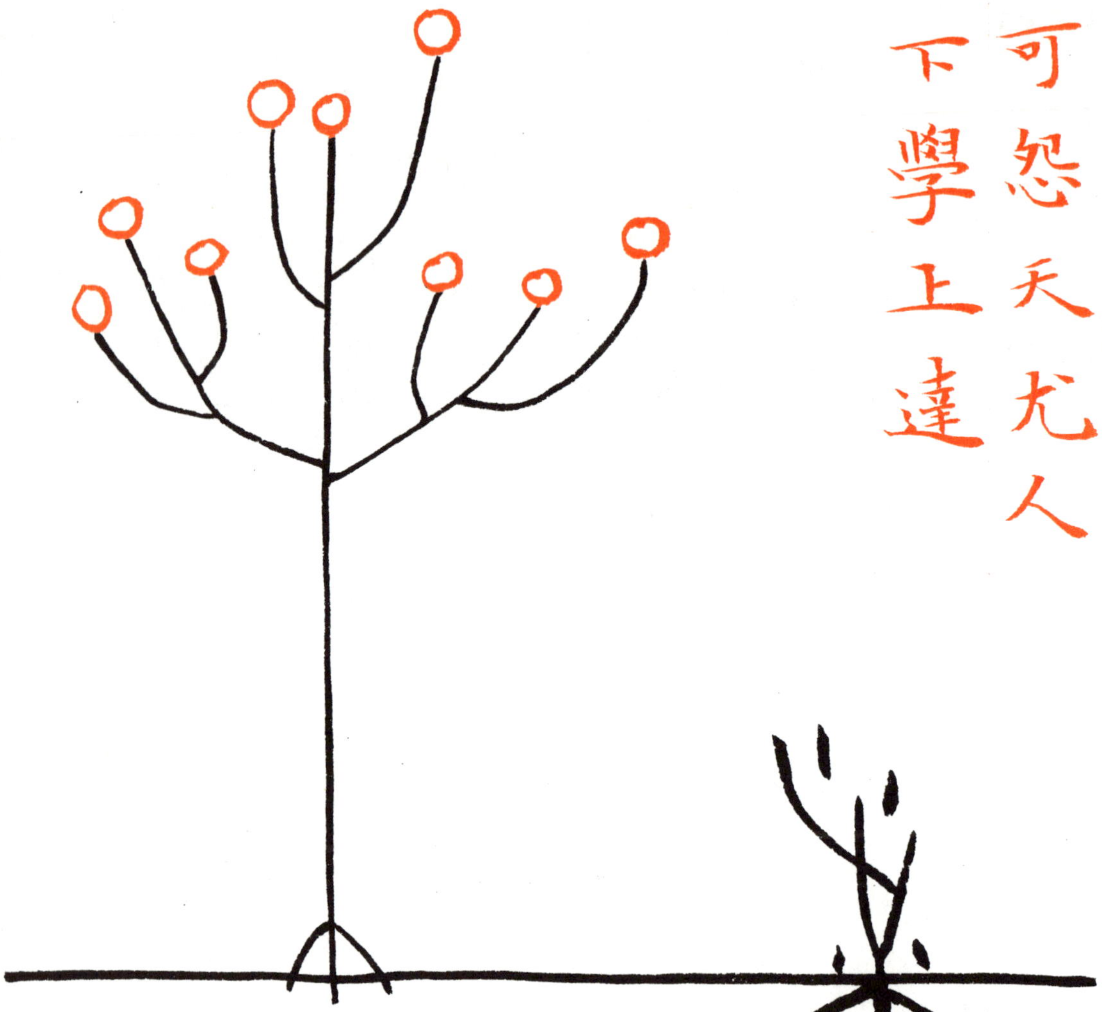

子曰莫我知也夫子貢曰何為其莫知子也子曰不怨天不尤人下學而上達知我者其天乎

論語憲問

花開滿樹紅華落萬枝空唯餘一朶在明日定隨風

唐陳知玄詩五歲詠花達夫先生作圖

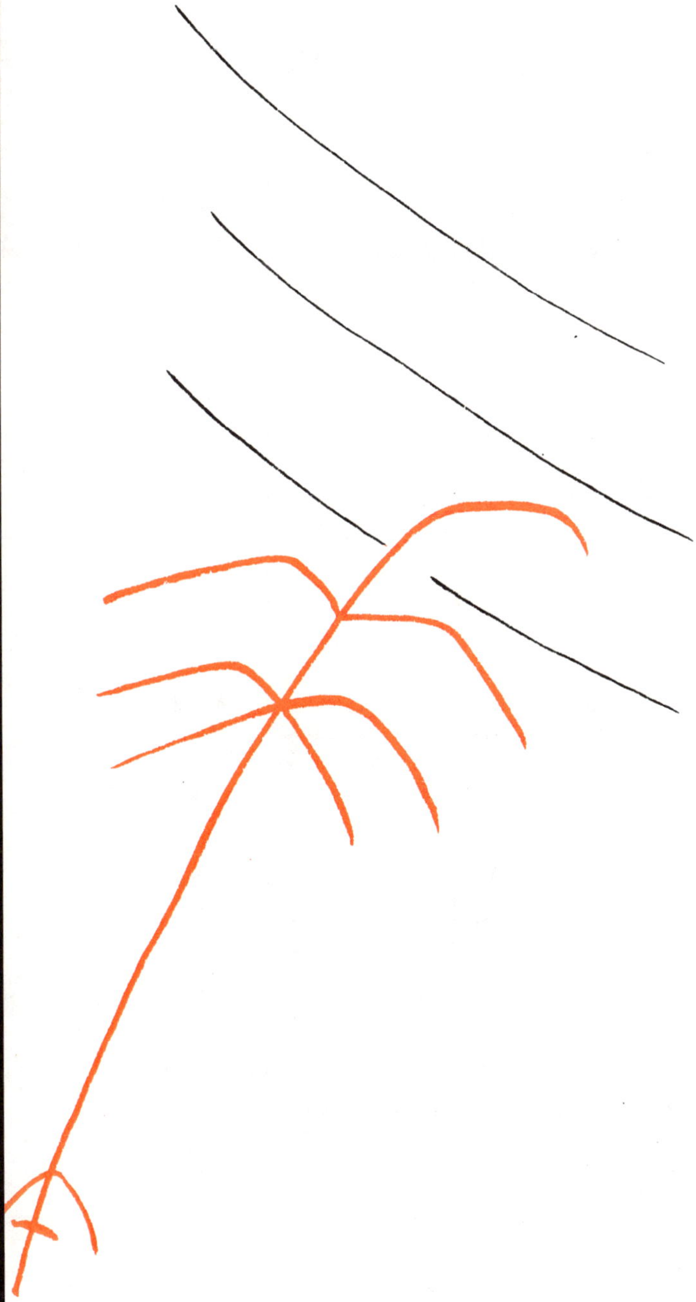

草木其三　木部

木 ㄇㄨˋ　木　木　冒也　冒地而生　東方之行　從草　下象其根

本 ㄅㄣˇ　本　本　木下曰本

末 ㄇㄛˋ　末　末　木上曰末

本末樹圖

朱 ㄓㄨ ㄕㄨˊ　朱　朱　赤心木　松柏屬

束 ㄕㄨˋ　束　束　縛也

柬 ㄐㄧㄢˇ　柬　柬　分別擇之

桼 ㄑㄧ　木汁　桼木

朿 ㄘˋ　木芒　棘　野酸棗　棗　棗

𠂹　𠌶　荂　艸木華葉𠂹也　ㄏㄨㄚˊ　ㄏㄨㄚˊ

草木其三　木部

華 ㄏㄨㄚ ㄏㄨㄚˊ ㄏㄨㄚˋ
華 華 華 花 花 花
榮也
木謂之花
草謂之榮

果 ㄍㄨㄛˇ
果 果 果
木實也 从木 象果形在木之上
木謂之果
草謂之實

栗 ㄌㄧˋ
栗 慄 栗 栗
木也 从木 其實下垂 故从卤
木至西方戰栗

叉 ㄔㄚ ㄔㄚˊ ㄔㄚˋ
叉 叉
手指相錯也 从又 象叉之形

桑 ㄙㄤ
桑 桒 桒
蠶所食葉木 从叒木

捏桑叉
做扁擔

洗兒詩

北宋蘇軾

人皆養子望聰明
我被聰明誤一生
惟愿孩兒愚且魯
無災無難到公卿

達夫先生作圖

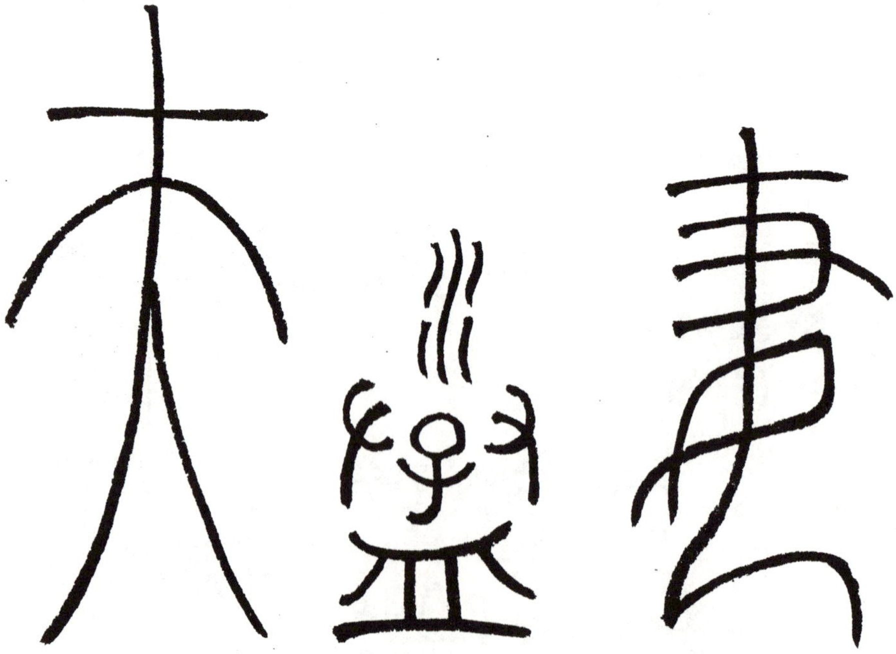

天有五星 地有五行

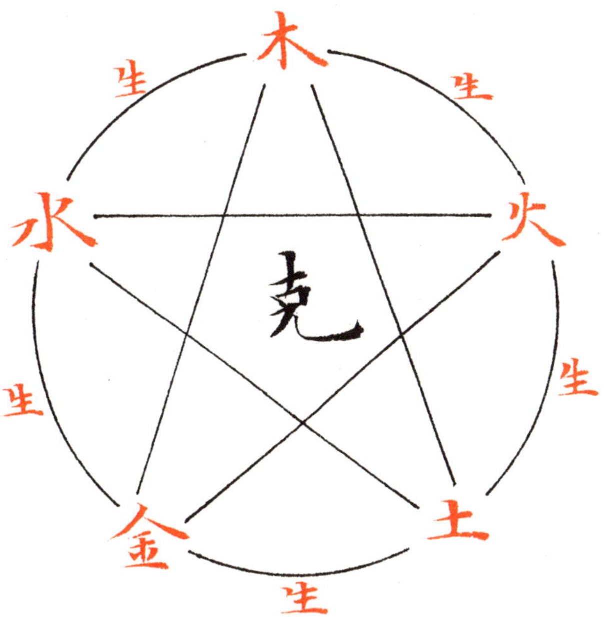

相生	相克
木生火	木克土
火生土	土克水
土生金	水克火
金生水	火克金
水生木	金克木

黄帝内經

五穀為養 五果為助

五畜為益 五菜為充

五穀 稻黍稷麥菽粟麻粱

五果 棗李杏栗桃

五畜 牛羊豕犬鷄

五菜 葵（冬葵） 韭 藿（大豆菜） 薤 蔥

葵甘 韭酸 藿鹹 薤苦 蔥辛

藥性

四氣	五味		腥	葷	煉家	佛家
寒熱溫平	辛甘酸苦鹹	辣淡澀焦鮮	腥 星見食豕令肉中生小息肉也 从肉从星 星亦聲	葷 臭菜也 从艸軍聲	蒜葱韭薤芫荽	蒜葱韭藠頭興渠

不讓學

一二三四五六七
七六五四三二一
七個阿姨來摘果
七箇籃子手中提
七個果子擺七樣
苹果桃兒石榴
柿子李子栗子梨

㊀

碧玉妝成一樹高
萬條垂下綠絲縧
不知細葉誰裁出
二月春風似剪刀

唐賀知章作詩詠
柳達夫先生作畫

鳥獸蟲魚

十二生肖

鼠 ㄕㄨˇ

鼠：穴蟲之總名也　象形

牛 ㄋㄧㄡˊ

牛：大牲也　牛件也　件事理也　象角頭三封尾之形

虎 ㄏㄨˇ

虎：山獸之君　从虍　虎足象人足　象形

兔 ㄊㄨˋ

兔：獸名　象踞後其尾形　兔頭與㲋頭同

㲋 ㄔㄨㄛˋ ㄓㄨㄛˊ ㄕㄨˋ

㲋：獸也　似兔　青色而大　象形　頭與兔同　足與鹿同

龍 ㄌㄨㄥˊ ㄇㄤˊ

尨 ㄌㄨㄥˊ ㄇㄤˊ ㄇㄥˊ

龍：鱗蟲之長　能幽能明　能細能巨　能短能長　春分而登天　秋分而潛淵　从肉　飛之形　童省聲

蛇 ㄕㄜˊ ㄧˊ

它或从虫　它篆本以虫篆引長之而已　乃又加虫左旁　是俗字也

馬 ㄇㄚˇ　灋 ㄈㄚˇ　羊 ㄧㄤˊ ㄒㄧㄤˊ　猴 ㄏㄡˊ　夒 ㄋㄠˊ　鷄　雞 ㄐㄧ　犬 犭 ㄑㄩㄢˇ　豕 ㄕˇ

馬 馬 怒也 武也 象馬頭髦尾四足之形

刑也 平之如水 从水 廌所以觸不直者 去之 从去 㳒 法 今文省

羊 羊 祥也 从𦍌 象頭角足尾之形 孔子曰 牛羊之字以形舉也

猴 猴 夒也 从犬侯聲

貪獸也 一曰母猴 似人 从頁 巳止夊 其手足

鷄 長尾公鷄 短尾母雞

雞 雞 知時畜也 从隹奚聲

犬 犬 狗之有縣蹏者也 象形 孔子曰 視犬之字如畫狗也

豕 豕 彘也 竭其尾 故謂之豕 象毛足而後有尾

三〇

人無完人　十二生肖十二缺

子　鼠　無腦　頸骨　貉　⿰豸利　犲　狢　猁　豺

丑　牛　無牙　無上牙　骨肉包

寅　虎　無項　不會回頭　貓　夜貓子　猫

卯　兔　無唇　兔唇三瓣　豬　猪

辰　龍　無音　聾子

巳　蛇　無足　足退化

午　馬　無趾　單腳趾　奇蹄

未　羊　無神　死羊眼　方瞳孔

申　猴　無腮　腮無肉

酉　鷄　無腎　鳥類無小便竅

戌　狗犬　無味　吃吞食

亥　豬　無壽　豬壽十年　養肥吃肉

人心不足蛇吞象

鳥獸蟲魚　　十二生肖

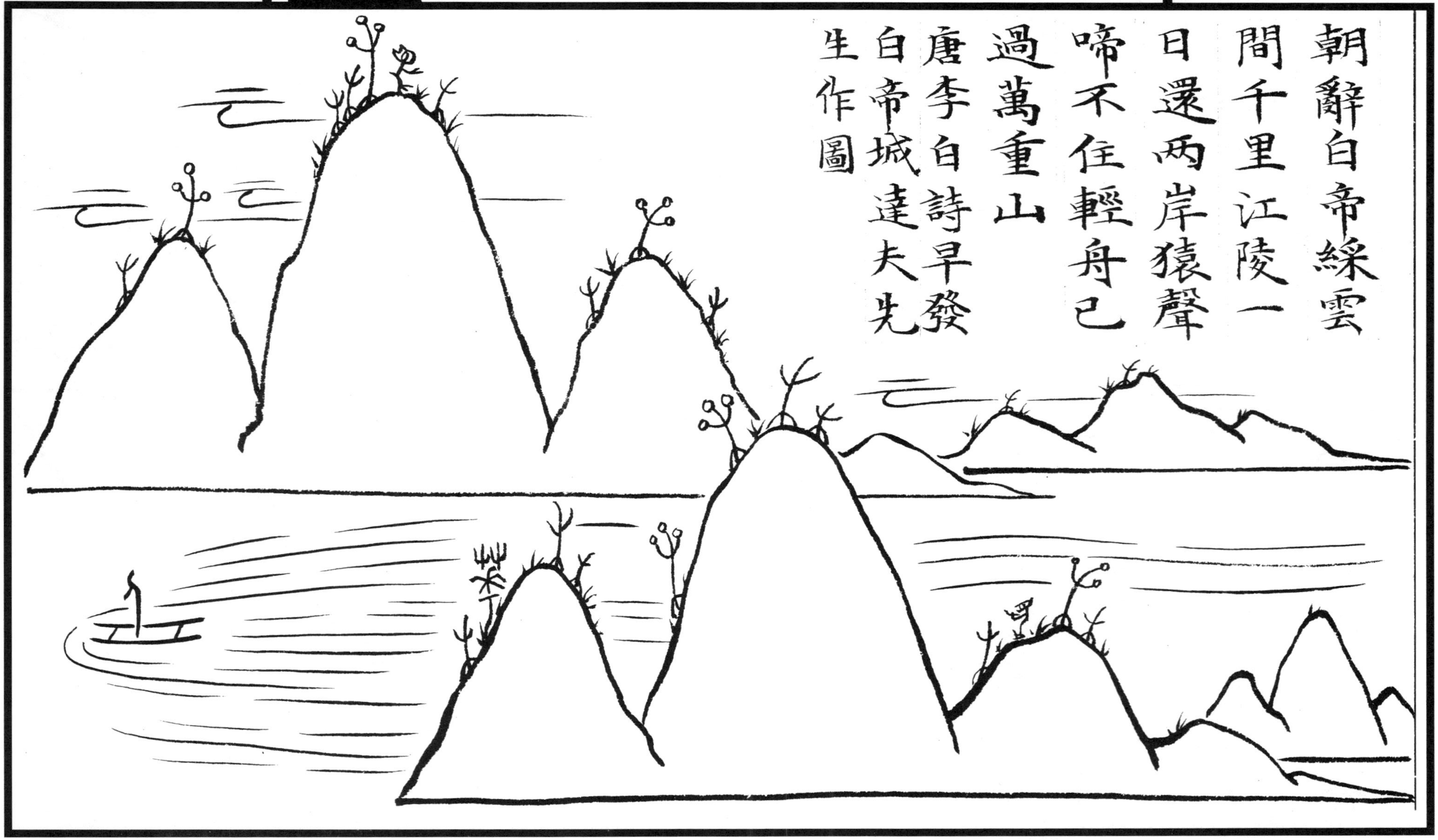
朝辭白帝綵雲
間千里江陵一
日還兩岸猿聲
啼不住輕舟已
過萬重山
唐李白詩早發
白帝城達夫先
生作圖

床前明月光疑是地上霜舉頭望明月低頭思故鄉

唐李白詩靜夜思達夫先生作圖

牛

半 ㄅㄢˋ
物中分也 从八从牛 牛爲物大 可以分也 凡半之屬皆从半

牟 ㄇㄡˊ ㄇㄡˋ
牛鳴也 从牛 象其聲气从口出

告 ㄍㄠˋ
牛觸人 角箸橫木 所以告人也 从口从牛 易曰僮牛之告

羊

羔 ㄍㄠ
羊子也 从羊 照省聲

羌 ㄑㄧㄤ
西戎牧羊人也 从人从羊 羊亦聲 南蠻 北狄 東貉 西羌 西南僰 東夷

美 ㄇㄟˇ
甘也 从羊从大 羊在六畜主給膳也 美與善同意

姜 ㄐㄧㄤ
神農居姜水 以爲姓 从女羊聲

善 ㄕㄢˋ
吉也 从誩从羊 此與義美同意

豕

豖 ㄔㄨˋ 㒸
豕絆足行豖豖 从豕繫二足

ㄓㄨㄟˋ 墜
陊也 从石㒸聲

鳥獸蟲魚

鳥部

隹 ㄓㄨㄟ ㄘㄨㄟ ㄨㄟˊ

鳥之短尾總名也 象形 凡隹之屬皆从隹

鳥 ㄋㄧㄠˇ ㄉㄧㄠˇ

長尾禽總名也 象形 鳥之足似匕 从匕 凡鳥之屬皆从鳥

燕 ㄧㄢˋ ㄧㄢ

玄鳥也 籋口 布翄 枝尾 象形 凡燕之屬皆从燕

羽 ㄩˇ

鳥長毛也 象形 凡羽之屬皆从羽

飛 ㄈㄟ

鳥翥也 象形 凡飛之屬皆从飛

卂 ㄒㄩㄣˋ

疾飛也 从飛而羽不見 凡卂之屬皆从卂

鳳 ㄈㄥˋ

神鳥也 天老曰 鳳之象也 鴻前麐後 蛇頸魚尾 鸛顙鴛思 龍文虎背 燕頷雞喙 五色備舉 出於東方君子之國 翱翔四海之外 過崐崘 飲砥柱 濯羽弱水 莫宿風穴 見則天下大安寧 从鳥凡聲 鳳飛 羣鳥從以萬數

風

西南 涼風	南 景風	東南 清明
西 閶闔	中 國	東 明庶
西北 不周	北 廣莫	東北 融風

風 八風也 東方曰明庶風 東南曰清明風 南方曰景風 西南曰涼風 西方曰閶闔風 西北曰不周風 北方曰廣莫風 東北曰融風 風動蟲生 故蟲八日而化 从虫凡聲 凡風之屬皆从風

鵲 舄

鵲 篆文舄 从隹昔 昔聲 此亦上部先古文之例也 䧿 [illegible]變从鳥

烏 ㄨ

烏 孝鳥也 象形 孔子曰 烏盱呼也 取其助气 故以為烏呼 凡烏之屬皆从烏

禽 ㄑㄧㄣˊ

禽 走獸總名 从厹 象形 今聲 禽离兕頭相似

畢 ㄅㄧˋ

畢 田罔也 从華 象畢形微也 或曰甶聲

网 罔 網

网 庖犧所結繩以漁 从冂 下象网交文 凡网之屬皆从网

雚 ㄍㄨㄢˋ ㄏㄨㄢˋ

雚 小爵也 从萑吅聲 詩曰 雚鳴于垤

畫鷄

明 唐寅

頭上紅冠不用裁
滿身雪白走將來
平生不敢輕言語
一叫千門萬戶開

大明唐寅詩畫鷄
達夫先生作圖

詠鵝

一

鵝鵞䳘曲項向天歌白毛浮綠水紅掌撥清波

唐駱賓王詩咏鵝達夫先生作圖

豸 ㄓˋ　熊 ㄒㄩㄥˊ　能 ㄋㄥˊ ㄋㄞˊ　象 ㄒㄧㄤˋ　爲 為 ㄨㄟˊ ㄨㄟˋ　鹿 ㄌㄨˋ　兕 ㄙˋ　舄 舃 ㄒㄧˋ ㄑㄩㄝˋ

豸：獸長脊行豸豸然欲有所司殺形　凡豸之屬皆从豸　池爾切

熊：獸似豕　山居　冬蟄　从能炎省聲　羽弓切

能：熊屬　足似鹿　从肉㠯聲　能獸堅中故稱賢能　而彊壯稱能傑也　凡能之屬皆从能　奴登切

象：長鼻牙　南越大獸　三秊一乳　象耳牙四足之形　凡象之屬皆从象

爲：母猴也　其爲禽好爪　爪母猴象也　下腹爲母猴形　王育曰　爪象形也　古文爲象兩母猴相對形　薳支切

鹿：獸也　象頭角四足之形　鳥鹿足相似　从匕　凡鹿之屬皆从鹿　盧谷切

兕：如野牛而青　象形　犀　南徼外牛　一角在鼻一角在頂　獨角兕

舄：䧿也　象形　䧿　䧿　篆文舄　从隹昝　七雀切

角 ㄐㄧㄠˇ ㄐㄩㄝˊ

獸角也 象形 角與刀魚相似 凡角之屬皆从角 古岳切

彑 ㄐㄧˋ

豕之頭 象其銳而上見也 凡彑之屬皆从彑 讀若罽 居例切

狐 ㄏㄨˊ

祅獸也 鬼所乘之 有三德 其色中和 小前大後 死則丘首 从犬瓜聲 戶吳切

毛 ㄇㄠˊ

眉髮之屬及獸毛 象形 凡毛之屬皆从毛 莫袍切

冄冉 ㄖㄢˇ

毛冄冄也 象形 凡冄之屬皆从冄 而琰切

釆 ㄅㄧㄢˋ

辨別也 象獸指爪分別也 凡釆之屬皆从釆 讀若辨 乎古文釆 蒲莧切

熊 ㄋㄞˊ

帝堯之時洪水滔天堯求能治水者皆曰鯀可堯曰鯀負命毀族不可四岳請試之鯀治水九年功用不成舜視鯀治水無狀殛之于羽山以死

注云鯀死化為黃熊入于羽淵

增修歷史感應統紀

牧童騎黃牛歌聲振林樾
意欲捕鳴蟬忽然閉口立
大清袁枚詩所見達夫先生作圖

蜂

唐 羅隱

不論平地與山尖
無限風光盡被占
採得百花成蜜後
為誰辛苦為誰甜

達夫先生作圖

鳥獸蟲魚

蟲

蟲 虫 ㄔㄨㄥˊ

虫 虫

一名蝮 博三寸 首大如擘指 象其臥形 物之微細 或行 或毛 或蠃 或介 或鱗 以虫為象 凡虫之屬皆从虫 許偉切

蛇 ㄕㄜˊ ㄧˊ

蛇 虵 虵

意同它

它 ㄊㄚ

它 它 它

虫也 从虫而長 象冤曲垂尾形 上古艸居患它 故相問無它乎 凡它之屬皆从它 蛇 它或从虫 託何切

蚩 ㄔ

蚩 蚩 蚩

蟲也 从虫之聲 赤之切

禹 ㄩˇ

禹 禹 禹

蟲也 从厹 象形 王矩切 禽 古文禹

萬 ㄨㄢˋ

萬

蟲也 从厹 象形 無販切

蝎 ㄒㄧㄝ

蝎

蝤蠐也 从虫曷聲 胡葛切

蛛 ㄓㄨ

鼅 鼄 鼄 蛛 蛛

鼄也 从黽 知省聲 鼅 或从虫 陟离切

五毒

蜈蚣　毒蛇　壁虎　蟾蜍　蠍子

黽　ㄇㄥˇ　ㄇㄧㄣˇ　ㄇㄧㄢˇ

ㄇㄥˇ 蛙　姓
ㄇㄧㄣˇ 勉　力
ㄇㄧㄢˇ 黽池
ㄇㄥˇ 黽塞　信陽平靖關

黽　黽

鼃黽也　从它　象形　黽頭與它頭同　凡黽之屬皆从黽　莫杏切

龜　ㄍㄨㄟ　ㄐㄩㄣ　ㄑㄧㄡ

龜　龜　龜　𪚦

舊也　外骨內肉者也　从它　龜頭與它頭同　天地之性　廣肩無雄　龜鼈之類　以它爲雄　象足甲尾之形　凡龜之屬皆从龜　𪚦　古文龜　居追切

蛉　ㄌㄧㄥˊ

蛉　蛉

蜻蛉也　从虫令聲　一名桑根　郎丁切

辜綠母　鈞藍公　水蠆

蟬　ㄔㄢˊ

蟬　蟬　蟬

以旁鳴者　从虫單聲　市連切

羽化　變態

蜀　ㄕㄨˇ

蜀　蜀　蜀

葵中蠶也　从虫　上目象蜀頭形　中象其身蜎蜎　詩曰　蜎蜎者蜀　市玉切

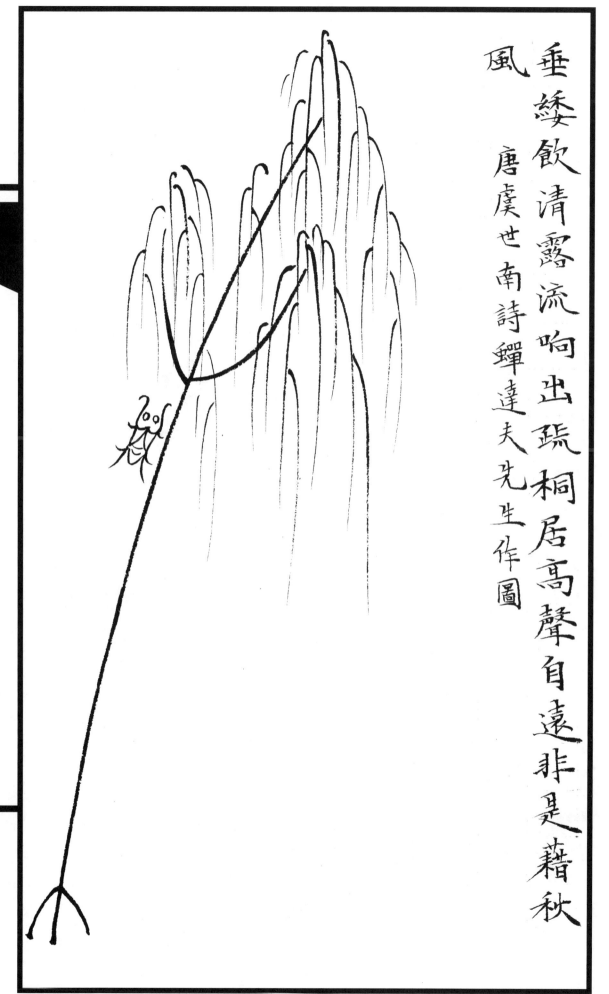

垂緌飲清露流响出疏桐居高聲自遠非是藉秋風

唐虞世南詩蟬達夫先生作圖

獨坐池塘如虎踞緑蔭樹下養精神春来我不先開口哪箇虫兒敢作聲

毛澤東十六歲七絶詠蛙
達夫先生作圖

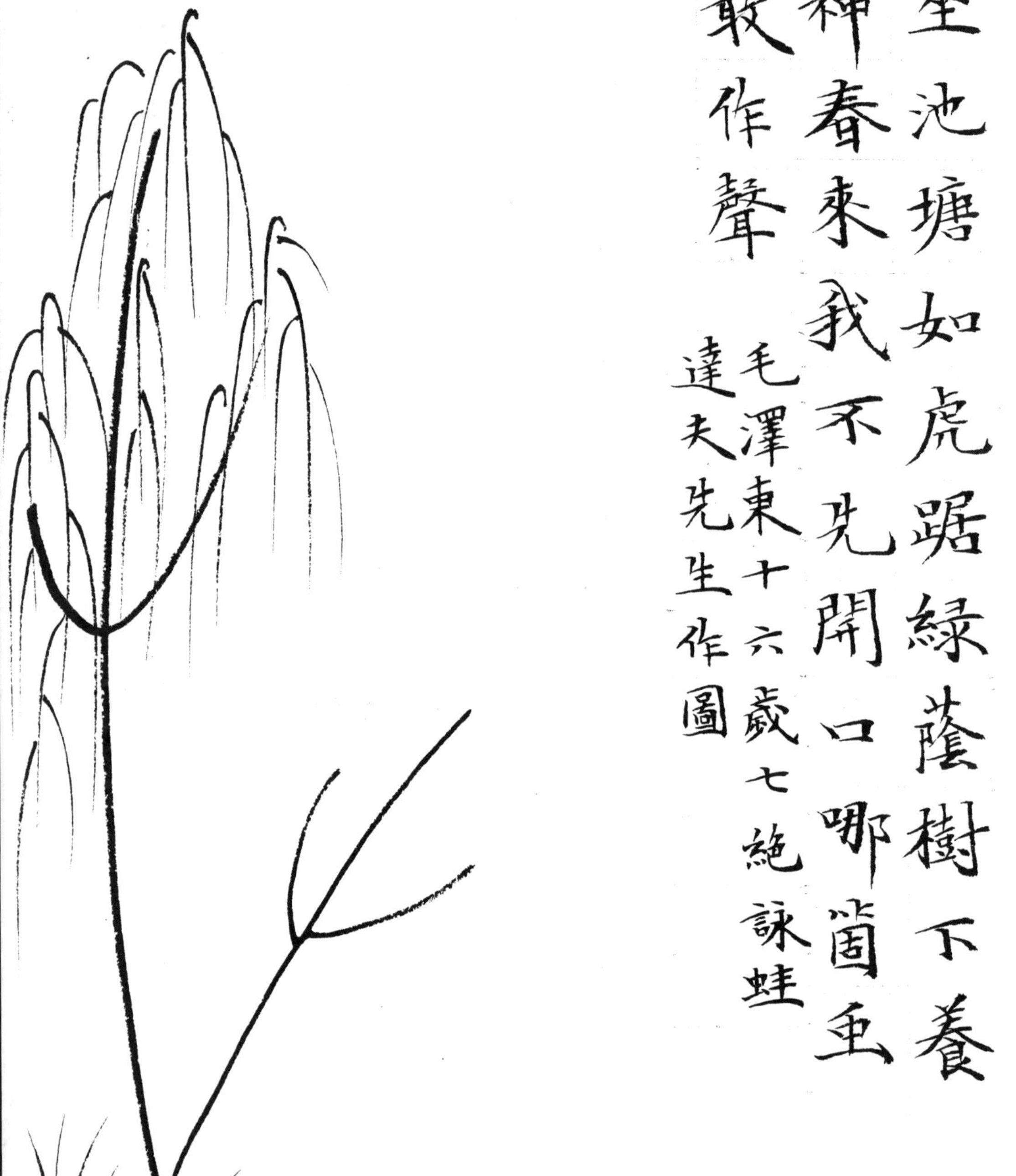

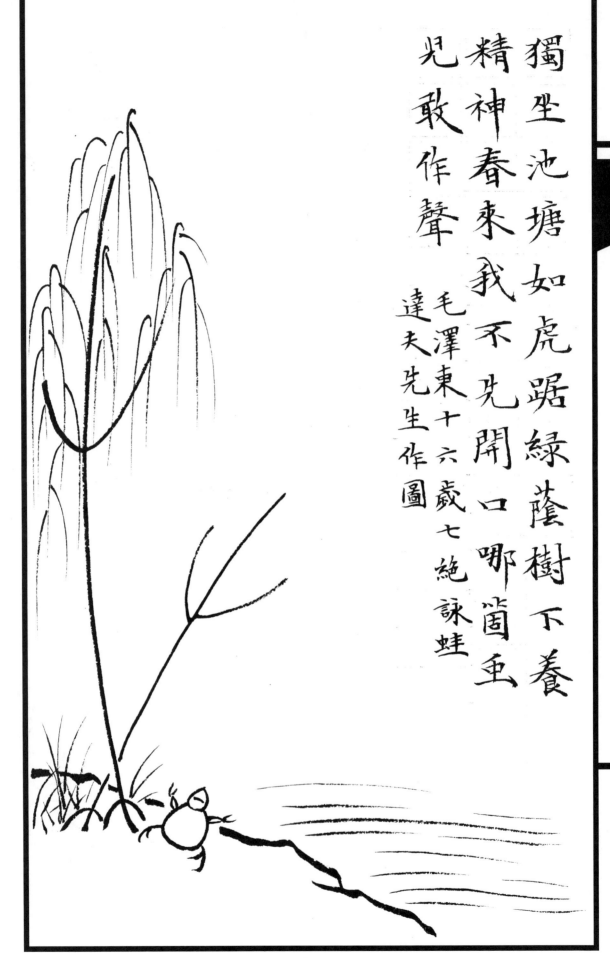

黃四娘家花滿蹊
千朵萬朵壓枝低
留連戲蝶時時舞
自在嬌鶯恰恰啼
唐杜甫詩江畔獨步
尋花其六 達夫先生
作圖

梅子金黃杏子肥，麥花雪白菜花稀。
日長籬落無人過，惟有蜻蜓蛺蝶飛。

南宋范成大詩《四時田園雜興》其二十五首

達夫先生作圖

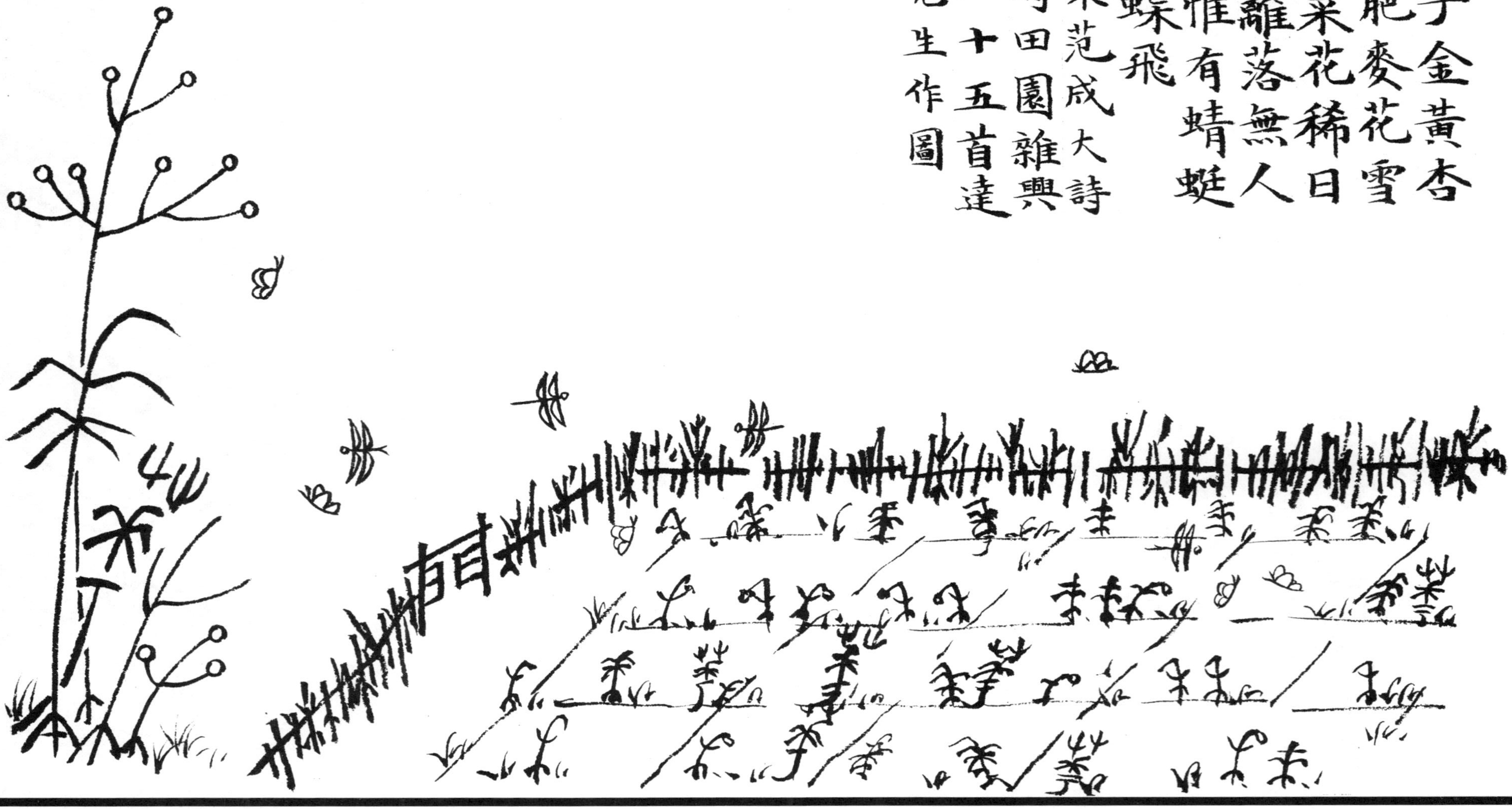

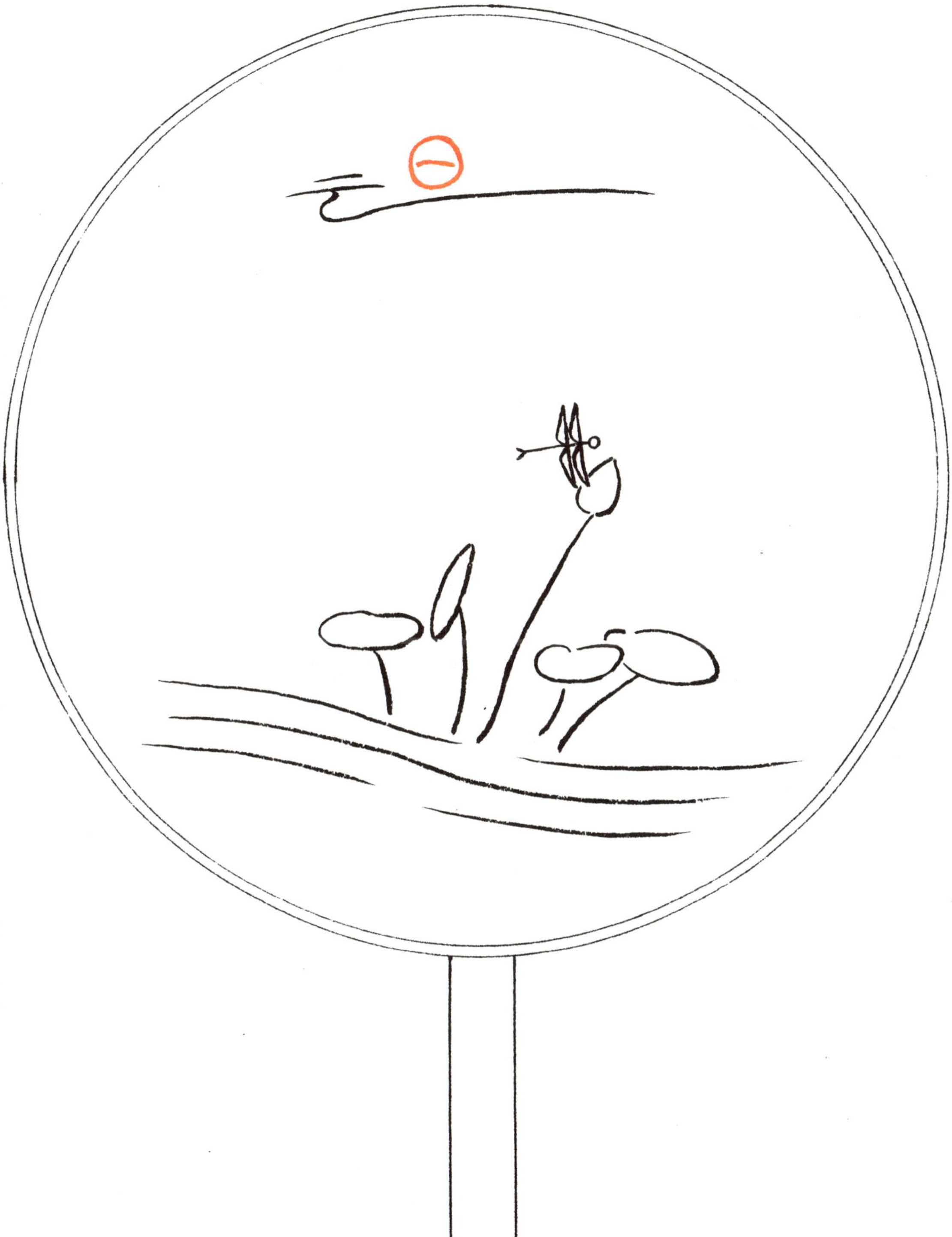
一

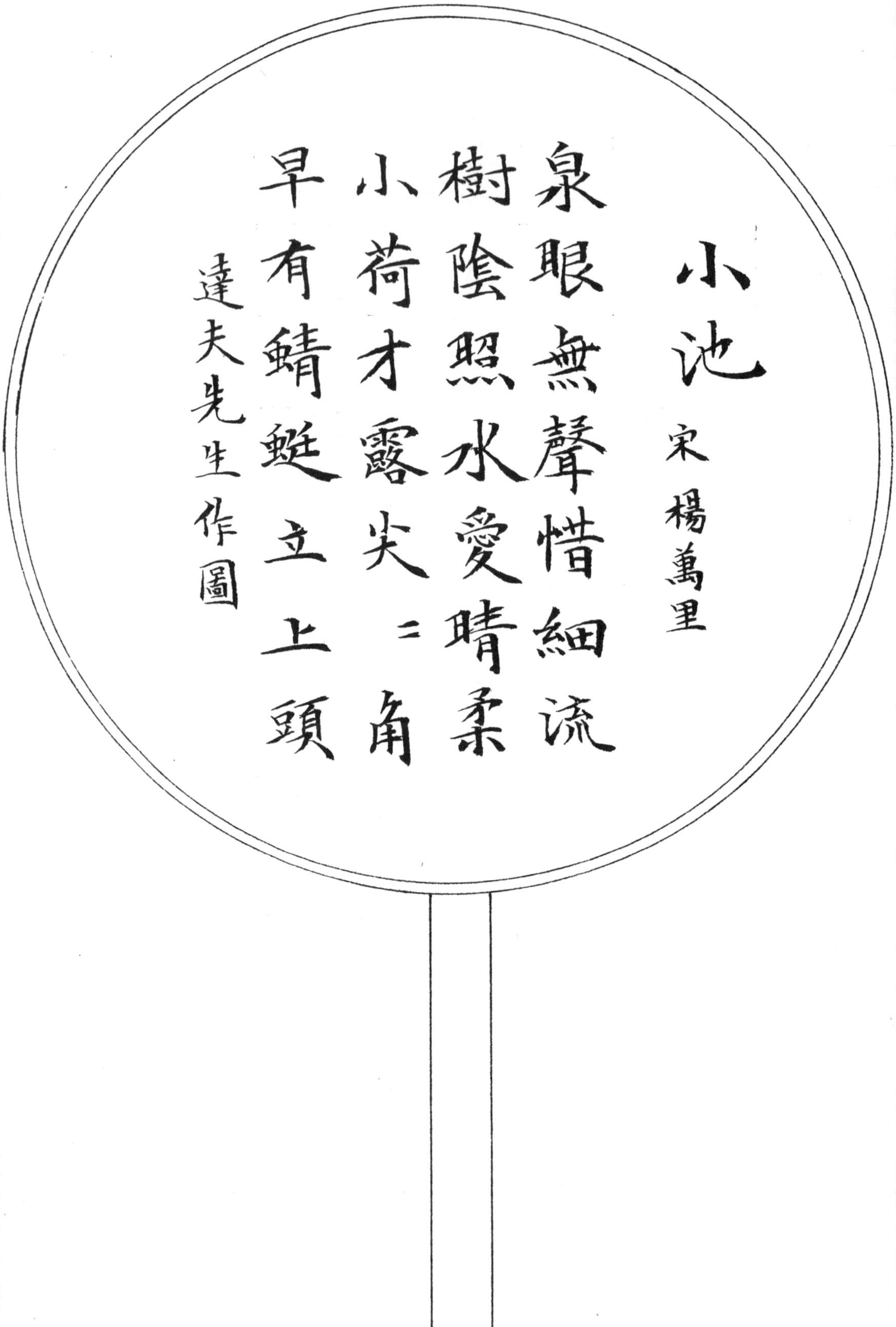
小池
宋 楊萬里
泉眼無聲惜細流
樹陰照水愛晴柔
小荷才露尖尖角
早有蜻蜓立上頭
達夫先生作圖

鳥獸蟲魚

魚ㄩˊ

貝ㄅㄟˋ

以眼還眼
以牙還牙

十貝一朋
阿文綬貝
阿拉伯寶螺

魚𩵋

水蟲也 象形
魚尾與燕尾相似

貝

海介蟲也 居陸名猋
在水名蜬 象形 古者
貨貝而寶龜 周而有
泉 至秦廢貝行錢

五蟲 大戴禮記 易本命

蠃 鱗 毛 羽 昆

是故食水者善游能寒食土者
無心而不息食木者多力而拂
食草者善走而愚食桑者有絲
而蛾食肉者勇敢而捍食穀者
智慧而巧食气者神明而壽不
食者不生而神 故曰

有羽之蟲三百六十 而鳳凰
為之長
有毛之蟲三百六十 而麒麟
為之長
有甲之蟲三百六十 而神龜
為之長

鳥獸蟲魚 魚

江上往來人但愛鱸
魚美君看一葉舟出
沒風波裏
宋范仲淹詩江上漁者
達夫先生作圖

有鱗之虫三百六十而蛟龍為之長，倮之虫三百六十而聖人為之長。

此乾坤之美類禽獸萬物之數也。故帝王好壞巢破卵則鳳凰不翔焉，好竭水搏魚則蛟龍不出焉，好刳胎殺夭則麒麟不來焉，好填谿塞谷則神龜不出焉。故王者動必以道，靜必以理。動不以道，靜不以理，則自夭而不壽，訞孽數起，神靈不見，風雨不時，暴風水旱並興，人民夭死，五穀不滋，六畜不蕃息。

人

身姿

人 亻 ㄖㄣˊ
人 人
天地之性最貴者也此籀文 象臂脛之形

允 ㄩㄣˇ
允 允
信也 誠也

冘 ㄧㄣˊ ㄧㄡˊ
淫淫 行皃 从人出冂

沈 沉 冘 ㄔㄣˊ ㄕㄣˇ
沈 沈
瀋陽之瀋 意汁也 非斷沈
陵上滈水也 从水
冘聲

亡 ㄨㄤˊ ㄨˊ
亾 亡
逃也

元 ㄩㄢˊ
元 元
始也 从一从兀 元者
善之長也 故从一

欠 ㄑㄧㄢˋ
欠 欠
張口气悟也 象气从
人上出之形

巴 ㄅㄚ
巴 巴
蟲也 或曰食象蛇
象形

卩 㔾 ㄐㄧㄝˊ
卩
瑞信也 守國者用玉卩 守都
鄙者用角卩 使山邦者用虎卩
士邦者用人卩 澤邦者用龍卩
門關者用符卩 貨賄用璽卩
卩道路用旌卩 象相合之形

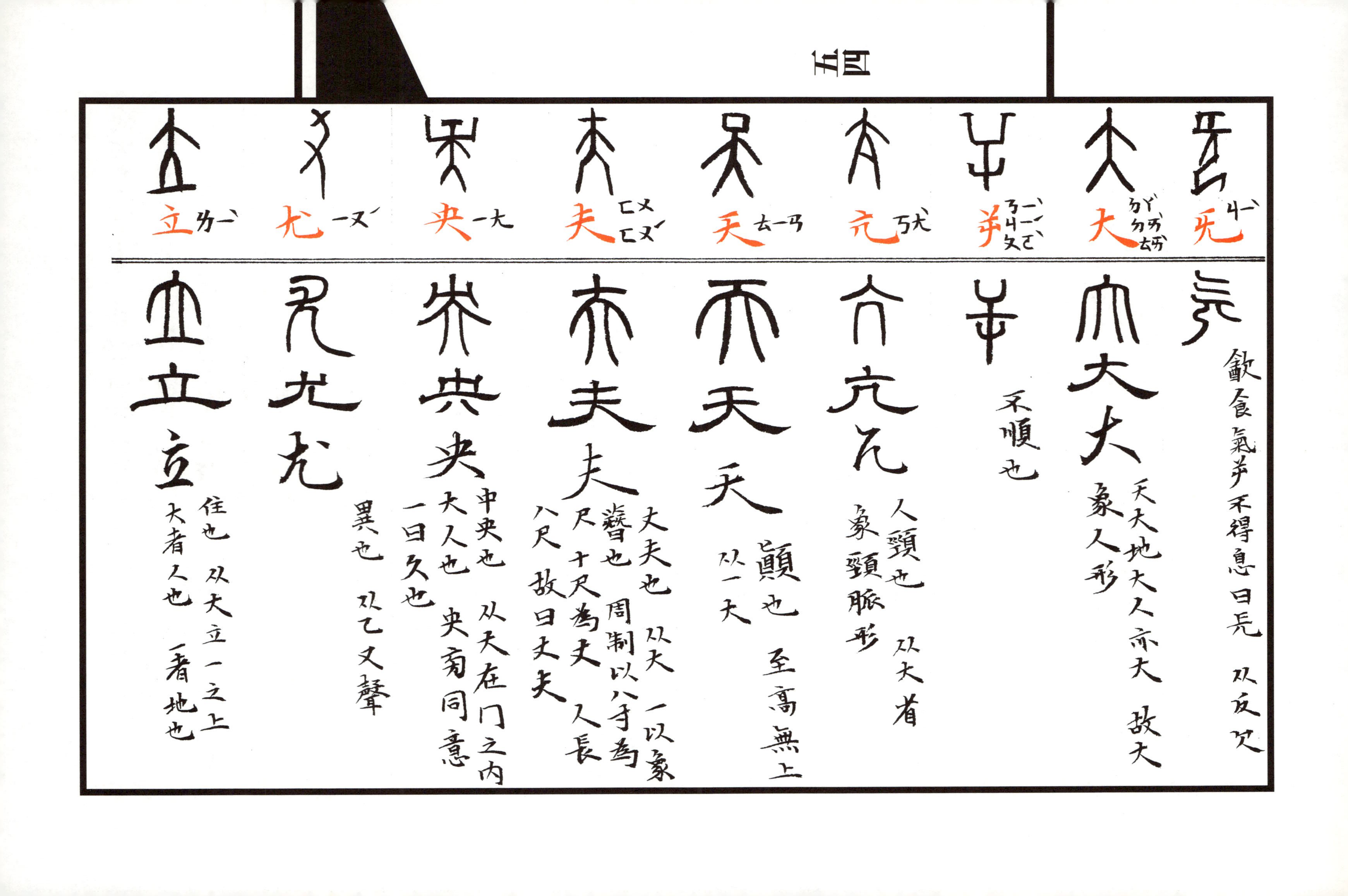

旡 ㄐㄧˋ
㱃食氣屰不得息曰旡 从反欠

大 ㄉㄚˋ ㄉㄞˋ ㄊㄞˋ
天大地大人亦大 故大象人形

屰 ㄋㄧˋ ㄐㄧˋ ㄆㄛˋ
不順也

亢 ㄎㄤˋ
人頸也 从大省 象頸脈形

天 ㄊㄧㄢ
顚也 至高無上 从一大

夫 ㄈㄨ ㄈㄨˊ
丈夫也 从大 一以象簪也 周制以八寸為尺 十尺為丈 人長八尺 故曰丈夫

央 ㄧㄤ
中央也 从大在冂之内 大人也 央旁同意 一曰久也

尤 ㄧㄡˊ
異也 从乙又聲

立 ㄌㄧˋ
住也 从大立一之上 大者人也 一者地也

亦	一ˋ	人之臂亦也 从大 象兩亦之形
需 儒	ㄒㄩ ㄖㄨˊ	須也 遇雨不進 止須也 从雨而聲 易曰 雲上於天 需
夾	ㄐ一ㄚˊ ㄐ一ㄚˊ ㄍㄚˊ	持也 从大俠二人
爽	ㄕㄨㄤˇ	明也 从㸚从大 大其中隙縫光也
無	ㄨˊ	無 亡也 从亡無聲 亡有 不有也
舞	ㄨˇ	樂也 用足相背 从舛無聲
夭	一ㄠ	屈也 从大象形 少壯而死曰夭 从大而屈其首 申者腰之直 夭者頭之曲
夨 夨	ㄘㄜˋ ㄗㄜˋ	傾頭也
吳	ㄨˊ	姓也 亦郡也 一曰 吳大言也 从夨口
交	ㄐ一ㄠ	交脛也 从大 象交形
尢	一ㄡˊ ㄨㄤ	尳也 尢尳曲脛也 从大 象偏曲之形

疑 ㄧˊ ㄋㄧˇ
惑也 从子止匕矢聲

脊 ㄐㄧˇ
背呂也 从𠦬从肉

器 ㄑㄧˋ
皿也 象器之口 犬所以守之

呂 ㄌㄩˇ
脊骨也 象形 昔太嶽為禹心呂之臣 故封呂侯

㐆 ㄧㄣˇ ㄧㄣˋ
作樂之盛稱殷 从㐆从殳 易曰 殷薦之上帝

身 ㄕㄣ
躳也 象人之身 从人

子	孓	了
無右臂	無左臂	無雙臂

華夷之辨

	華	夷
己	道德	灋
人	人倫	道德
灋	國灋	無人倫

天地人三才

何為人

有心性有義理

孟子告子上：心之官則思，思則得之，不思則不得也

萬物之靈天地之心

鬼神之匯五行之秀

陰陽之和

人禽之辨

孟子曰：人之所以異于禽獸者幾希，庶民去之，君子存之。舜明于庶物，察于人倫，由仁義行，非行仁義也。

何為罵街

無道德無義理

無人性無人倫

禽獸	獸性
畜牲	獸性
不是人	無人性
王八蛋	無人倫
忘八端	孝悌忠信禮義廉恥
不是東西	無義理

如何稱喚寵物

人　身姿識字

人 ㄖㄣˊ
人 人
天地之性最貴者也 此籀文 象臂脛之形 凡人之屬皆从人 如鄰切

从 ㄘㄨㄥˊ ㄗㄨㄥˋ
从 從 從
隨行也 从辵从 从亦聲 慈用切

比 ㄅㄧˇ
比 比
密也 二人為从 反从為比 凡比之屬皆从比

背 北 ㄅㄟˋ ㄅㄟ
北 北
乖也 从二人相背 凡北之屬皆从北 博墨切

化 ㄏㄨㄚˋ ㄏㄨㄚ
化 化
敎行也 从匕从人 匕亦聲 呼跨切

并 並 ㄅㄧㄥˋ
并 竝
併也 从二立 凡竝之屬皆从竝 蒲迥切

僉 ㄑㄧㄢ
皆也 从亼从吅从从 虞書曰 僉曰伯夷 七廉切

众 眾 ㄓㄨㄥˋ
眾 眾
多也 从乑目 眾意 之仲切

鬥 ㄉㄡˋ
鬥 鬭
兩士相對 兵杖在後 象鬥之形 凡鬥之屬皆从鬥 都豆切

斗 ㄉㄡˇ ㄉㄡˋ
斗 斗
十升也 象形 有柄 凡斗之屬皆从斗

鬥 众 眾 僉 并 並 化 背 北 比 从 人

身姿 選五字作圖

人

身貌

皃 ㄇㄠˋ
皃 貌
頌儀也 从人 白象人面形

首 ㄕㄡˇ
首 首
百同 古文百也 巛象髮 謂之鬊 鬊卽 巛也

頁 ㄧㄝˋ ㄒㄧㄝˊ
頁 頁
頭也

亢 ㄎㄤˋ
亢 亢
人頸也 从大省 象頸 脈形

須 ㄒㄩ
須 須
面毛也 从頁从彡

而 ㄦˊ
而 而
頰毛也 象毛之形 周禮 曰作其鱗之而

目 ㄇㄨˋ 罒
目 目
人眼 象形 重童子也

見 ㄐㄧㄢˋ ㄒㄧㄢˋ
見 見
視也 从儿从目

眼耳鼻舌身意
眼近觀曰見遠觀曰望耳近曰聞遠曰
聽鼻曰臭舌曰嚐身曰觸
心之官則思

人 身貌

艮 ㄍㄣˋ
很也 狠也 猶目相匕
怒視

臣 ㄔㄣˊ
牽也 事君也 象屈服之形

民 ㄇㄧㄣˊ
眾萌也 从古文之象

直 ㄓˊ
正見也 从乚从十从目 徐鍇曰 乚 隱也 今十目所見是直也

省 ㄕㄥˇ ㄒㄧㄥˇ
視也 从眉省

眉 ㄇㄟˊ
目上毛也 从目 象眉之形 上象頟理也

眔 ㄉㄚˋ
目相及也 从目 从隶省 徒合切

面 ㄇㄧㄢˋ
顏前也
面麪不同

鼻 ㄅㄧˊ
鼻
自 ㄗˋ
自
鼻也 象鼻形

耳 ㄦˇ
耳 主聽也

口 ㄎㄡˇ
口 人所言食也

甘 ㄍㄢ
甘 美也从口含一 一道也

曰 ㄩㄝ
曰 詞也从口乙聲 亦象口气出也

舌 ㄕㄜˊ
舌 在口所以言也别味也从干从口干亦聲

言 ㄧㄢˊ
言 直言曰言 論難曰語

害 ㄏㄞˋ
害 傷也从宀从口 宀口言从家起也丰聲

齒 ㄔˇ
齒 口齗骨也象口齒之形止聲

牙 ㄧㄚˊ
牙 壯齒也象上下相錯之形

齲 ㄑㄩˇ
齲 齒蠹也从牙禹聲

丁老頭

一個丁老頭欠我倆煤球
我說三天還他說四天還
送我一箇大烧餅三根韭
菜三毛三一塊豆腐六毛
六糖堆一串七毛七

丁老太

一塊蛋糕大又圓兩片葉
子挂中間三橫一竖三道
彎買朵小花三毛三一件
裙子六毛六兩個釦子七
毛七

變心

瞿塘嘈嘈十二灘
人言道路古來難
長恨人心不如水
等閑平地起波瀾

唐劉禹錫詩竹枝詞
達夫先生作圖

容易

倉頡穀雨作書 龍為
潛藏 天雨粟鬼夜哭

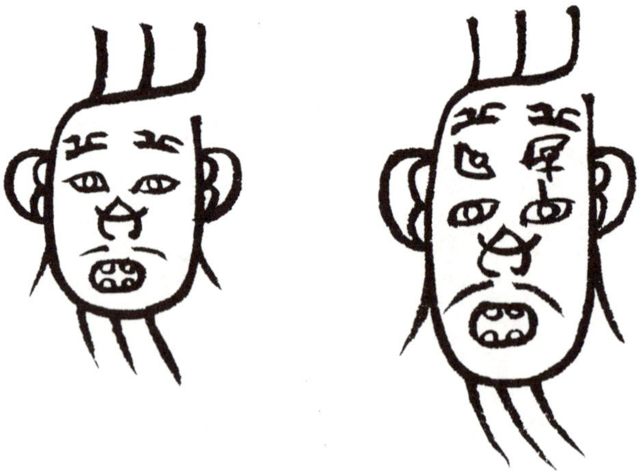

三分壞七分好

害人之心不可有防人之心不可無

大學八條目 格物 致知 誠意 正心 脩身 齊家 治國 平天下

吃喝嫖賭抽 習性

賤懶饞滑油 人品

陰損慾姦壞 道德

坑蒙拐騙偷 行為

小小

靈臺方寸

斜月三星

骨 ㄍㄨˇ

冎

肉之覈也 从冎有肉 凡骨之屬皆从骨 古忽切

心 ㄒㄧㄣ

忄 ⺗

人心 土藏 在身之中 象形 博士說以為火藏 凡心之屬皆从心 息林切

胃 ㄨㄟˋ

穀府也 圂象形 云貴切

肉 ㄖㄡˋ

月

胾肉 象形 凡肉之屬皆从肉 如六切

血 ㄒㄧㄝˇ ㄒㄩㄝˋ

祭所薦牲血也 从皿 一象血形 凡血之屬皆从血 呼決切

又 ㄧㄡˋ

手也 象形 三指者 手之列多略不過三也 凡又之屬皆从又 于救切

寸 ㄘㄨㄣˋ

十分也 人手卻一寸動衇謂之寸口 从又从一 倉困切

匀 ㄩㄣˊ

少也 从勹二 羊倫切 調

旬 ㄒㄩㄣˊ

徧也 十日為旬 从勹日 旬古文 詳遵切

厷 ㄏㄨㄥˊ ㄍㄨㄥ

臂上也 从又 从古文 古薨切

尤 ㄧㄡˊ
異也 从乙又聲 羽求切

失 ㄕ
縱也 从手乙聲 式質切

手 ㄕㄡˇ 扌
拳也 象形 凡手之屬皆从手 𠂡古文手 書九切

爪 ㄓㄠˇ ㄓㄨㄚˇ 爫
丮也 覆手曰爪 象形 凡爪之屬皆从爪 側狡切

白 ㄅㄞˊ
西方色也 陰用事物色白 从入合二 二陰數 凡白之屬皆从白 旁陌切

尺 ㄔˇ ㄔㄜˇ
十寸也 人手卻十分動脈為寸口 十寸為尺 尺所以指尺規榘事也 从尸从乙 乙所識也 周制 寸尺咫尋常仞諸度量 皆以人體為法

孕 ㄩㄣˋ
裹子也 从子从几 以證切

尾 ㄨㄟˇ ㄧˇ
微也 从到毛在尸後 古人或飾系尾 西南夷亦然 凡尾之屬皆从尾 無斐切

之 ㄓ
出也 象艸過屮 枝莖益大 有所之 一者地也 凡之之屬皆从之 止而切

止 ㄓˇ
下基也 象艸木出有址 故以止為足 凡止之屬皆从止 諸市切

正 ㄓㄥˋ ㄓㄥ
是也 从止 一以止 凡正之屬皆从正 𤴓古文正从二

帀 ㄗㄚ
周也 从反之而帀也 凡帀之屬皆从帀 周盛說 子荅切

癶 ㄅㄛ
足剌癶也 从止少 凡癶之屬皆从癶 讀若撥 北末切

舛 ㄔㄨㄢˇ
對臥也 从夊ヰ相背 凡舛之屬皆从舛 蹐踏 楊雄說 舛从足春 昌兗切

辵 ㄔㄨㄛˋ
乍行乍止也 从彳从止 凡辵之屬皆从辵 讀若春秋公羊傳曰辵階而走

走 ㄗㄡˇ
趨也 从夭止 夭止者屈也 凡走之屬皆从走 子苟切

步 ㄅㄨˋ
行也 从止少相背 凡步之屬皆从步 薄故切

出 ㄔㄨ
進也 象艸木益滋上出達也 凡出之屬皆从出 尺律切

去 ㄑㄩˋ
人相違也 从大凵聲 凡去之屬皆从去 丘據切

足 ㄗㄨˊ
人之足也 在下 从止口 凡足之屬皆从足 即玉切

𠂤 ㄕ 師
二千五百人為師 从帀从𠂤 𠂤四帀眾意也 率 古文師 疎夷切

疋 ㄕㄨ ㄧㄚˇ ㄆㄧˇ
足也 上象腓腸 下从止 弟子職曰問疋何止 古文以為詩大疋字 亦以為足字 或曰胥字 一曰疋記也 凡疋之屬皆从疋 所菹切

父親大人乾似天
母親淑賢德配地
雙老在時志高遠
孤身一人行不移
達夫先生作

内經素問舉痛論

百病生於氣也怒則氣上喜則氣緩悲則氣消恐則氣下寒則氣收炅則氣泄驚則氣亂勞則氣耗思則氣結

思傷脾者以怒勝之悲傷心者以喜勝之

怒傷肝者以悲勝之喜傷心者以恐勝之

恐傷腎者以思勝之

悲勝怒 喜勝悲 恐勝喜 怒勝思

思勝恐

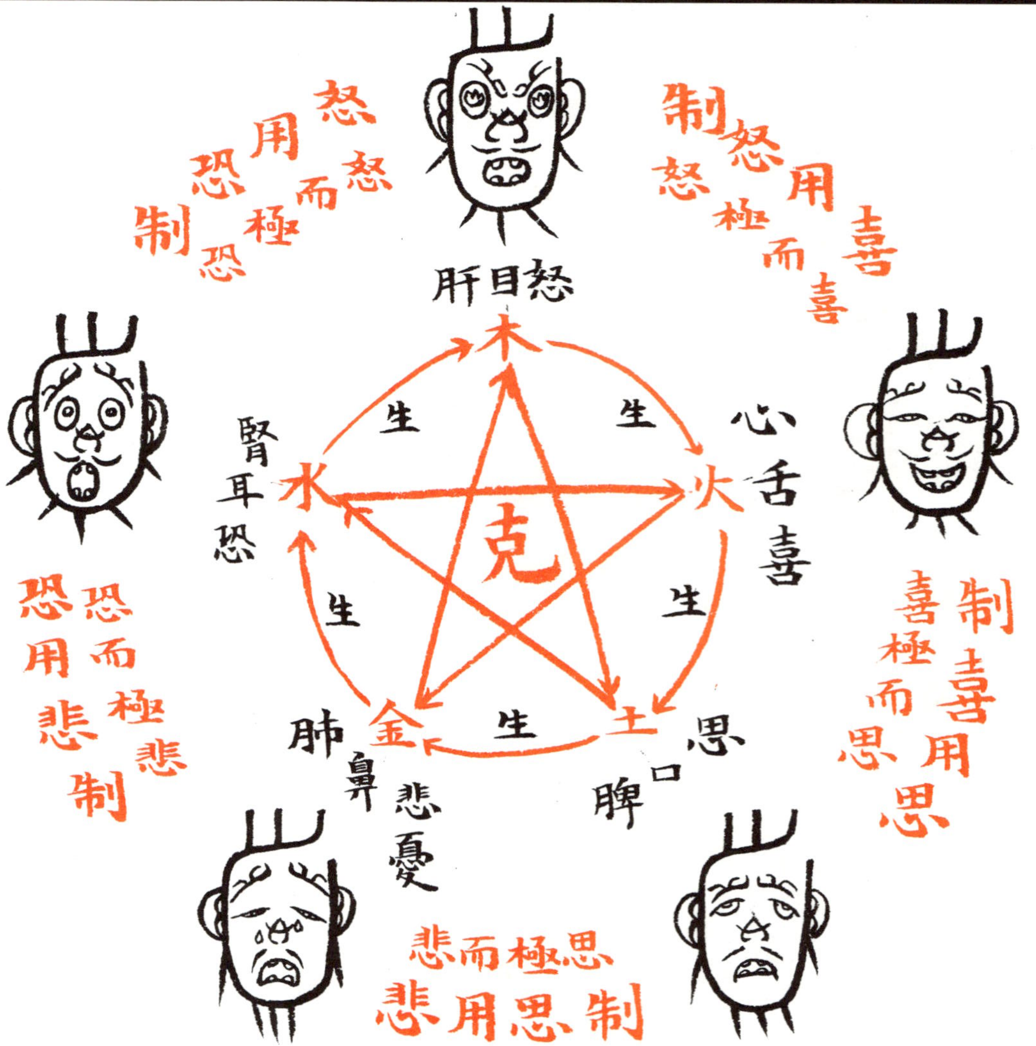

人

身貌　會意字

又 一ㄡˋ　廾　共　收　癶 ㄅㄛ　舁 ㄩˊ　舉 ㄐㄩˇ　受 ㄕㄡˋ　友 一ㄡˇ　承 ㄔㄥˊ　丞 ㄔㄥˊ

又又 手也 象形 三指者 手之𠜸多略不過三也 凡又之屬皆从又 于救切

ㄍㄨㄥˇ 廾 竦手也 从𠂇从又 凡廾之屬皆从廾 居竦切 𢪅 楊雄說廾从兩手

ㄍㄨㄥˋ 共 同也 从廿廾 凡共之屬皆从共 渠用切 𢍏 古文共

ㄕㄡ 收 捕也 从攴丩聲 式州切

癶 足刺癶也 从止少 凡癶之屬皆从癶 讀若撥 北末切

舁 共舉也 从臼从廾 凡舁之屬皆从舁 讀若余 以諸切

舉 對舉也 从手與聲 居許切

受 相付也 从𠬪 舟省聲 殖酉切

友 同志為友 从二又 相交 友 𦫵 古文友 云久切

承 奉也 受也 从手从卩从𠬞 署陵切

丞 翊也 从廾从卩从山 山高 奉承之義 署陵切

弄 ㄋㄨㄥˋ ㄌㄨㄥˋ 弄弄 玩也 从廾持玉 盧貢切

弁 ㄅㄧㄢˋ 弁弁 冕也 周曰覍 殷曰吁 夏曰收 从皃 象形 皮變切

爭 ㄓㄥ 爭爭 引也 从受厂 側莖切

爰 ㄩㄢˊ 爰 引也 从受从于 籀文以為車轅字 羽元切

及 ㄐㄧˊ 及及 逮也 从又从人 乁古文及 秦刻石及如此 弓亦古文及 遘亦古文及 巨立切

反 ㄈㄢˇ 反反 覆也 从又 厂反形 反古文 府遠切

取 ㄑㄩˇ 取 捕取也 从又从耳 周禮 獲者取左耳 司馬灋曰載獻聝 聝者耳也 七庾切

奴 ㄋㄨˊ 奴奴 奴婢 皆古之辠人也 周禮曰 其奴 男子入于辠隸 女子入于舂藁 从女从又 㚢古文奴从人 乃都切

妥 ㄊㄨㄛˇ 妥妥 安也 从爪女 妥與安同意

尹 ㄧㄣˇ 治也 从又丿 握事者也

聿 ㄩˋ 所以書也 楚謂之聿 吳謂之不律 燕謂之弗 从聿 一聲

隶 ㄉㄞˋ 隸 隶 及也 从又 从尾省 又持尾者 从後及之也 隸 附箸也 从隶 柰聲

書 ㄕㄨ 箸也 从聿者聲 著於竹帛謂之書

晝 ㄓㄡˋ 日之出入 與夜為界 从畫省 从日

畫 ㄏㄨㄚˋ 界也 象田四界 聿所以畫之

史 ㄕˇ 記事者也 从又持中 中正也

事 ㄕˋ 職也 从史 之省聲

丈 ㄓㄤˋ 十尺也 从又持十 周制 八寸為尺 十尺為丈 人長八尺 故曰丈夫 伸臂一尋

攴 ㄆㄨ ㄈㄨˊ ㄈㄨˋ 攵 攵 攴 小擊也 从又卜聲

殳 ㄕㄨ 以杸殊人也 禮 殳以積竹 八觚 長丈二尺 建於兵車 車旅賁以先驅

夬 ㄍㄨㄞˋ
𡘫 夬 夬
分決也 从又 ㄔ象決形 ☰乾上兌下 象決斷之義 ㄍㄨㄞˋ

秉 ㄅㄧㄥˇ
秉 秉 秉
禾束也 从又持禾

兼 ㄐㄧㄢ
兼 兼 兼
并也 从又持秝 兼持二禾 秉持一禾

專 ㄓㄨㄢ
專 專 專
六寸薄也 从寸叀聲 一曰專 紡專

更 ㄍㄥ ㄍㄥˋ
更 更 更
改也 从攴丙聲

夊 ㄙㄨㄟ
夊
行遲曳夊夊 象人兩脛有所躧也

韋 ㄨㄟˊ
韋 韋 韋
相背也 从舛口聲 獸皮之韋 可以束枉戾相韋背 故借以為皮韋

乘 ㄔㄥˊ ㄕㄥˋ
乘 乘 乘
覆也 从入桀 桀 黠也 軍法曰乘

丏 ㄇㄧㄢˇ
丏
不見也 象壅蔽之形

先 ㄒㄧㄢ
先 先 先
前進也 从儿从之

壬

聖 ㄕㄥˋ ㄕㄥˋ ㄒㄧㄢˊ

聖 聖 聖

通也 周禮六德 教萬民 智仁聖義忠和 从耳呈聲

賢 ㄒㄧㄢˊ ㄕㄥˋ ㄒㄧㄢˊ

賢 賢 賢

多才也 从貝臤聲

性焉安焉出類拔萃是之謂聖
復焉執焉可久可大是之謂賢

沐 ㄇㄨˋ

沐 沐

濯髮也

浴 ㄩˋ

浴 浴 浴

洒身也

盥 ㄍㄨㄢˋ

盥 盥

澡手也 从臼水臨皿 春秋傳曰 奉匜沃盥

洗 ㄒㄧˇ ㄒㄧㄢˇ

洗 洗

洒足也

范仲淹苦學

范仲淹二歲而孤母貧無靠再適長山朱氏既長知其世家感泣辭母去之南都入學舍晝夜苦學五年未嘗解衣就寢或夜昏怠輒以水沃面往往糜鬻不充日昃始食遂大通六經之旨慨然有志于天下常自誦曰當先天下之憂而憂後天下之樂而樂

選自宋名臣言行录達夫先生作圖

人

身
親

贈汪倫
唐李白
李白乘舟將欲行
忽聞岸上踏歌聲
桃花潭水深千尺
不及汪倫送我情
達夫先生作圖

人

偉大母親

女 ㄋㄩˇ ㄖㄨˇ
婦人也

母 ㄇㄨˇ
牧也 从女 象褱子形 一曰象乳子也

毋 ㄨˊ
止之也 从女 有奸者

每 ㄇㄟˇ
艸盛上出也

尚 ㄕㄤˋ
尚曾也 庶幾也

司 ㄙ
臣司事於外者 从反后 从后反寫

后 ㄏㄡˋ
繼體君也 象人之形施令以告四方故厂之 發號者 君后也

不 ㄅㄨˋ ㄈㄡˇ
鳥飛上翔不下來也 从一猶天也 象形

丕 ㄆㄧ
大也 从一不聲

中

才 ㄘㄞˊ　　在 ㄗㄞˋ　　也 一ㄝˇ　　乃 ㄋㄞˇ　　爾 ㄦˇ　　𦣝 ㄧˊ　　亞 一ㄚˋ 一ㄚˇ

才 才 才　艸木之初也 从丨上貫一將生枝葉 一地也

扗 在 在 在　存也

也 也 也 也　女陰也

乃 乃　曳詞之難也 象气之出難

爾 爾 爾 爾　麗爾猶靡麗也 从冂从㸚 其孔㸚 尒聲 此與爽同意

𦣝 姬　黃帝居姬水以為姓

亞 亞　醜也 象人局背之形 賈侍中說以為次弟也 亞與惡音義皆同

四大賢母

孟母	陶母	歐母	岳母
孟母三遷	截髮筵賓	歐母畫荻	岳母刺字
斷杼教子	封鐔退鮓		精忠報國

祝母壽詩　慈禧

世間爹媽情最真
淚血溶入兒女身
殫竭心力終為子
可憐天下父母心

達夫先生作圖

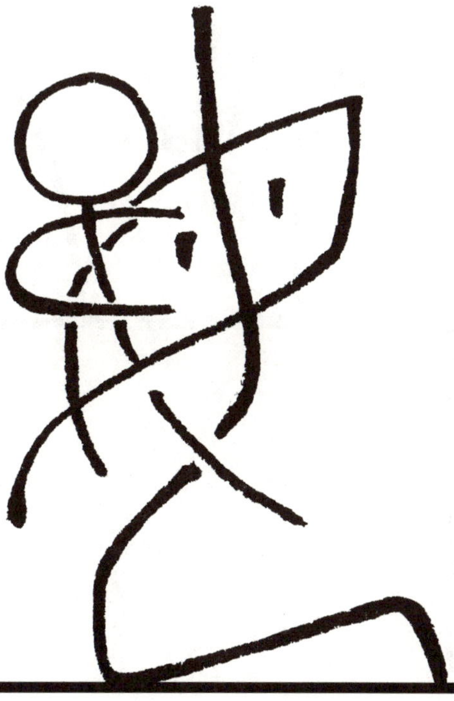

慈母手中綫　遊子身上衣
臨行密密縫　意恐遲遲歸
誰言寸草心　報得三春暉
唐孟郊詩遊子吟　達夫先生作
圖

孤燈課讀苦含辛
望爾修身為萬民
勤儉家風慈母訓
他年富貴莫忘貧

宋寇母詩　寒窗課子
圖　達夫先生作圖

毓 長也 稚也

高尚

祝母壽詩 達夫先生作

女本清而柔 為母烈而剛
歲月成蹉跎 髮染鬢如霜
愛子情真切 為母端亦莊
母子心相連 願親體健康
常有寬心事 滿面泛紅光

母親花

燦燦萱草花 羅生北堂下 南風吹其心
搖搖為誰吐 慈母倚門情 游子行路苦
甘旨日以疏 音問日以阻 舉頭望云林
愧聽慧鳥語

元王冕詩墨萱圖 舉
達夫先生作圖 雲

人

強壯父親

養不教父之過

教不嚴師之惰

ㄈㄨˋ ㄈㄨˇ ㄆㄨ	ㄈㄨ ㄈㄨˊ	ㄕˋ	ㄩˊ ㄩˇ	ㄏㄨㄢˋ	ㄩˊ	ㄐㄧㄣ	ㄏㄜˊ ㄍㄜˊ	ㄏㄨㄟˋ ㄎㄨㄞˋ	ㄘㄤ	ㄌㄨㄣˊ
父 攵 攴	夫	士	予	幻	臾	今	合	會	倉	侖 崙

父：矩也 家長率教者 从又舉杖 父死曰考

夫：丈夫也 从大 一以象簪 周制以八寸為尺 十尺為丈 人長八尺 故曰丈夫

士：事也 數始於一 終於十 从一从十 孔子曰 推十合一為士

予：推予也 象相予之形

幻：相詐惑也 从反予 周書曰 無或譸張為幻

臾：束縛捽抴為臾 从申从乙

今：是時也 从亼从乛 乛古文及

合：合口也 从亼从口 郃：左馮翊郃陽縣 从邑合聲 詩曰 在郃之陽 閤：門旁戶也 从門合聲

會：合也 从亼 从曾省 曾益也

倉：穀藏也 倉黃取而藏之 故謂之倉 从食省 口象倉形

侖：思也 从亼从冊 崙：崑崙也 从山侖聲

且 ㄐㄩ ㄑㄧㄝˇ	且 且 薦也 从几 足有二橫 一其下地也
亳 ㄅㄛˊ	亳 亳 亳 京兆杜陵亭也 从高省 乇聲
享 ㄒㄧㄤˇ	享 享 享 獻也 从高省 曰象進孰物形 孝經曰 祭則鬼亯之
亨 ㄏㄥ ㄆㄥ	亨 亨 亨
高 ㄍㄠ	高 高 高 崇也 象臺觀高之形 从冂口 與倉舍同意
膏 ㄍㄠ ㄍㄠˋ	膏 膏 膏 肥也 从肉高聲
喬 ㄑㄧㄠˊ ㄐㄧㄠ	喬 喬 喬 高而曲也 从夭 从高省 詩曰 南有喬木
京 ㄐㄧㄥ	京 京 京 人所為絕高丘也 从高省 丨象高形
亭 ㄊㄧㄥˊ	亭 亭 亭 民所安定也 亭有樓 从高省 丁聲

多子 多福

母多子為毓 父多子為爹

周朝三太

太姜 太妊 太姒

周太王妃 王季母 古公亶父妃

太姜圖相夫教子

王季妃 周文王母 懷孕胎教

目不邪色 耳不淫聲

文王妃 武王周公母 關雎

列女傳

周室三母大姜妊姒文武之興蓋由斯起大姒最賢號曰文母三姑之德亦甚大矣

訓子

宋　詹初

達夫先生作圖

呼爾羣兒示爾兒知
儉則本立學則智資
時逐勿逐古聖是規
守道安貧我所慕思
競勢趨豪我心實悲
毋謂放巧毋謂謹痴
毋謂惡小乃以自欺
毋謂善小棄而不為
為善去惡奮志乘時
少壯不力老大何追
爾父雖昧所言則宜
永以為訓無為我遺

誡子書

夫君子之行靜以脩身儉以養德非澹泊無以明志非寧靜無以致遠夫學須靜也才須學也非學無以廣才非志無以成學淫慢則不能勵精險躁則不能治性年與時馳意與日去遂成枯落多不接世悲守窮廬將復何及

蜀漢　諸葛亮

達夫先生作圖

教學

題弟姪書堂

唐 杜荀鶴

何事居窮道不窮
亂時還與靜時同
家山雖在干戈地
弟姪常脩禮樂風
窗竹影搖書案上
野泉聲入硯池中
少年辛苦終身事
莫向光陰惰寸功

達夫先生作圖

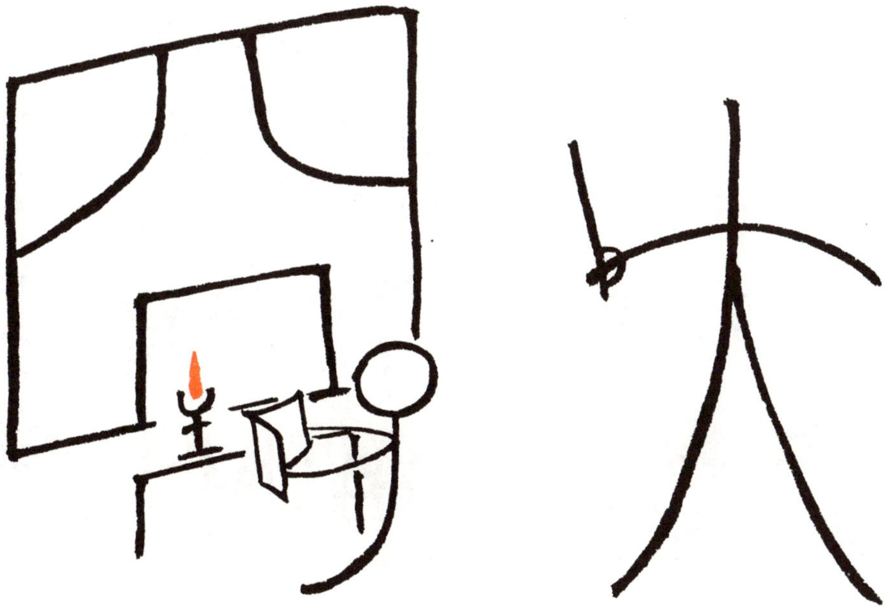

生老病死
生
生

冓 ㄍㄡˋ
冓冓冓 交積材也 象對交之形 凡冓之屬皆从冓

爯 ㄔㄥ 稱
爯爯爯 并舉也 从爪 冓省 處陵切

再 ㄗㄞˋ
再再再 一舉而二 从冓省 作代切

包 ㄅㄠ
包包包 象人裹妊 巳在中 象子未成形 元气起於子 子人所生也 男左行三十 女右行二十 俱立於巳 為夫婦 裹妊於巳 巳為子 十月而生 男起巳至寅 女起巳至申 故男季始寅 女季始申也 凡包之屬皆从包 布交切

寅 ㄧㄣˊ
寅寅寅 髕也 正月陽气動 去黃泉欲上出 陰尚彊 象宀不達 髕於下也 凡寅之屬皆从寅 弋真切

黃 ㄏㄨㄤˊ
黃黃黃 地之色也 从田从炗 炗亦聲 炗古文光 凡黃之屬皆从黃 古文黃 乎光切

子 ㄗˇ
子子子 十一月陽气動 萬物滋 人以為偁 象形 凡子之屬皆从子 子 即里切

育 ㄩˋ 毓

養子使作善也 从𠫓肉聲 虞書曰 教育子

毓 育或从每 徐鍇曰 𠫓不順子也 不順子亦教之 況順子乎

㐬 ㄏㄨㄤ

水廣也 从川亡聲 易曰 包㐬用馮河

毓也

玄 ㄒㄩㄢˊ

幽遠也 黑而有赤色者為玄 象幽而入覆之也

率 ㄕㄨㄞˋ ㄌㄩˋ

捕鳥畢也 象絲罔 上下其竿柄也

囟 ㄒㄧㄣˋ

頭會 匘蓋也 象形

兒 ㄦˊ

仁人也 古文奇字人也 象形 孔子曰 在人下故詰屈

孺子也 从儿 象小兒頭囟未合

兄 ㄒㄩㄥ

長也 从儿从口

幺 ㄧㄠ

小也 象子初生之形

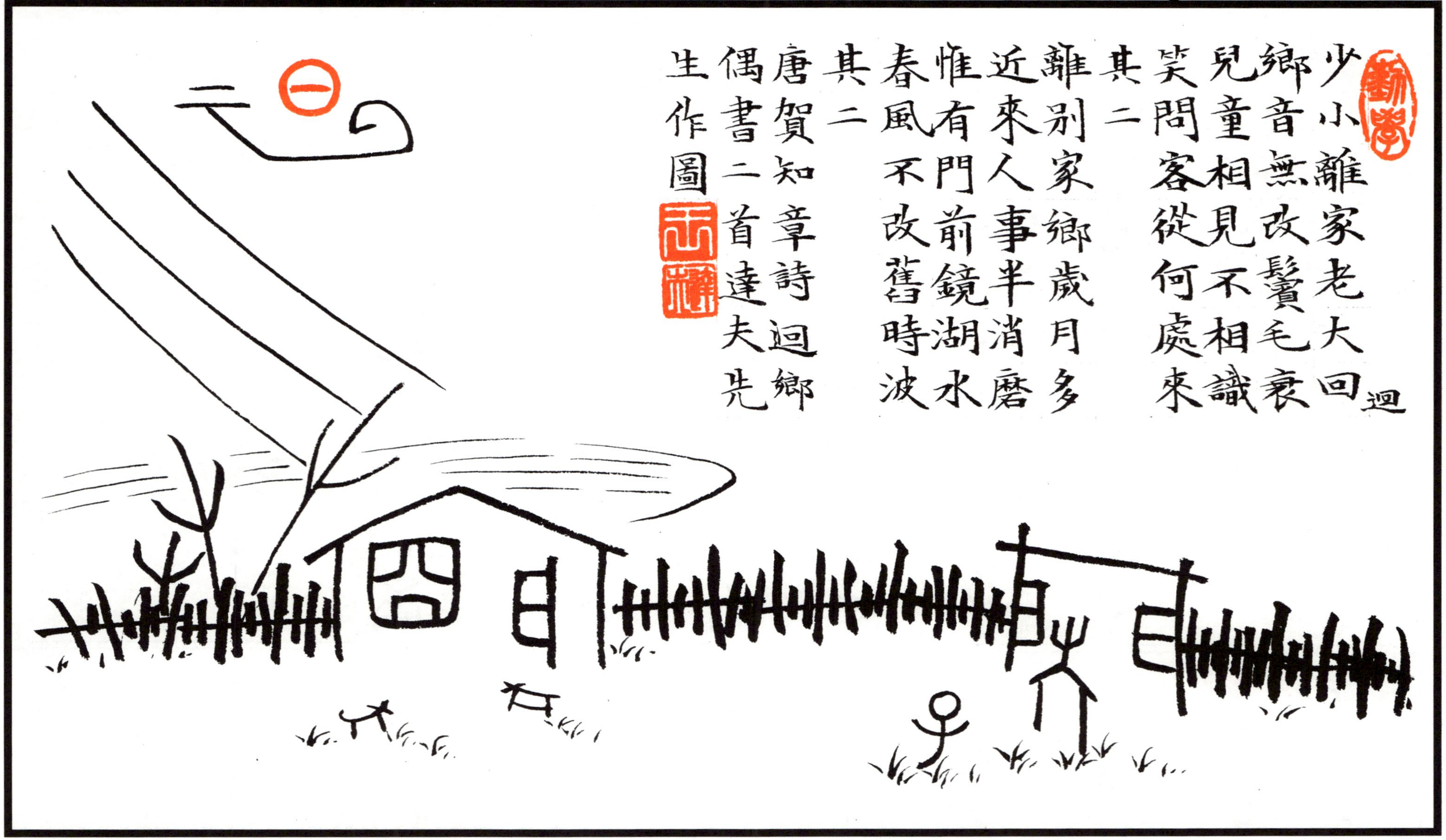
少小離家老大回 迴
鄉音無改鬢毛衰
兒童相見不相識
笑問客從何處來
其二
離別家鄉歲月多
近來人事半消磨
惟有門前鏡湖水
春風不改舊時波
其二
唐賀知章詩迴鄉
偶書二首 達夫先
生作圖

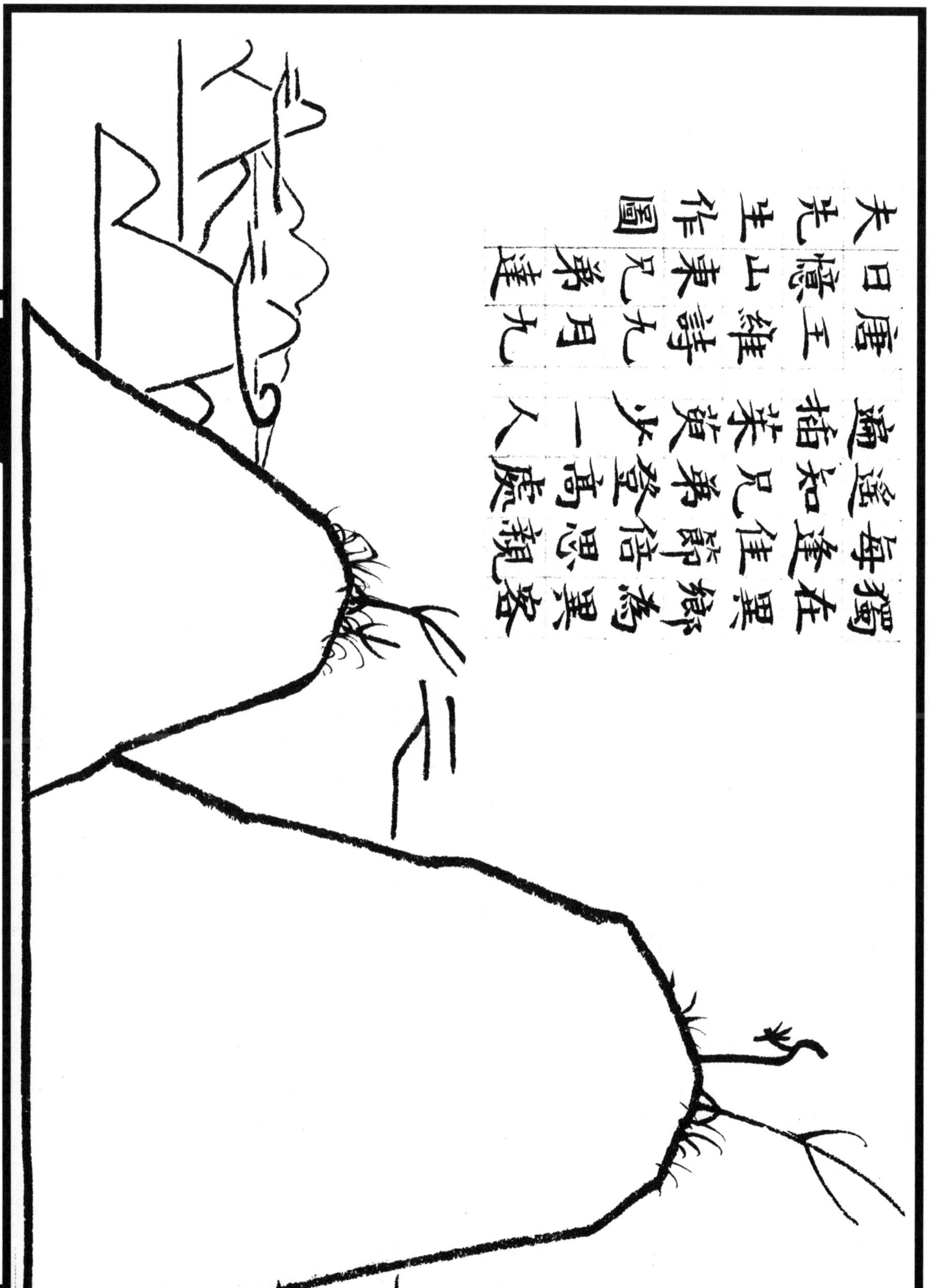
獨在異鄉為異客
每逢佳節倍思親
遙知兄弟登高處
遍插茱萸少一人
唐王維詩九月九日憶山東兄弟達夫先生作圖

生老病死

老病死

老病死

老 ㄌㄠˇ

考也 七十曰老 从人毛匕 言須髮變白也 凡老之屬皆从老 盧皓切

長 ㄔㄤˊ ㄓㄤˇ

久遠也 从兀从匕 兀者高遠意也 久則變化 亾聲 ㄕ者倒亾也 凡長之屬皆从長 直良切

匕 ㄅㄧˇ

相與比敘也 从反人 匕亦所以用比取飯 一名柶 凡匕之屬皆从匕 卑履切

病 ㄅㄧㄥˋ

疾加也 从疒丙聲 皮命切

尿 ㄙㄨㄟ ㄋㄧㄠˋ

人小便也 从尾从水 奴弔切

屎 ㄕˇ

糞也 从艸 胃省 式視切

凡 ㄈㄢˊ

最括也 从二 二偶也 从ㄋ ㄋ古文及 浮芝切

同 ㄊㄨㄥˊ ㄊㄨㄥˋ

合會也 从冃从口 徒紅切 ㄊㄨㄥˊ

人

老病死

ㄩㄥˋ 用	ㄩㄥˇ 甬	ㄐㄧㄡˇ 久	歺 歺ㄜˋ 隸變	ㄕ 尸	ㄕ 屍	ㄋㄧˊ 尼

用 可施行也 从卜从中 衛宏說 臣鉉等曰 卜中乃可用也

甬 艸木華甬甬然也 从马用聲

久 以後灸之 象人兩脛後有距也 周禮曰 久諸牆以觀其橈

歺 列骨之殘也 从半冎 讀若櫱岸之櫱 徐鍇曰 冎剔肉置骨也 歺殘骨也 故从半冎 臣鉉等曰 義不應有中一 秦刻石文有之

尸 陳也 象臥之形

屍 終主 从尸从死

尼 從後近之 从尸匕聲

人　生老病死　老病死

西上辭母墳

高蓋山頭日影微

唐陳去疾

黃昏獨立宿禽稀

林間滴酒空垂淚

不見丁寧囑早歸

達夫先生作圖

孝子

母亡守孝三年 父亡守孝二年半

斬衰三年 齊衰一年 大功九個

月 小功五個月 緦麻三個月

女子不上墳

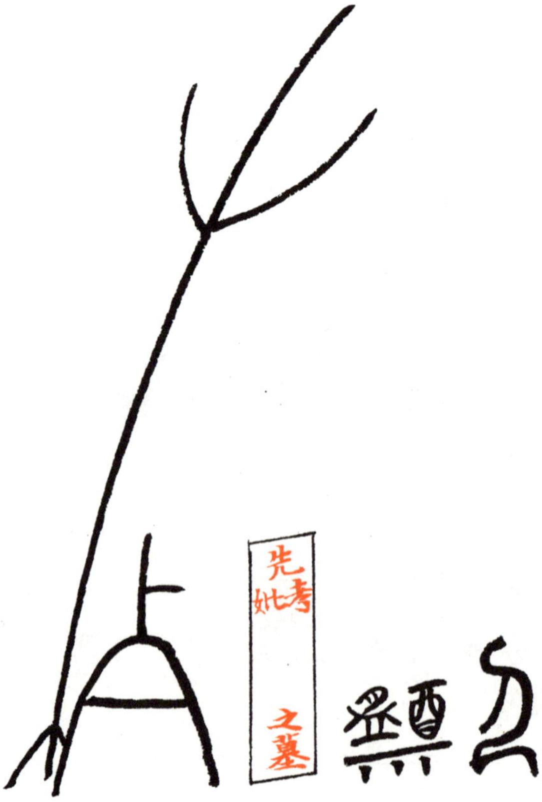

故先顯考父

妣母

忠臣必出於孝子之家

過零丁洋

南宋　文天祥

辛苦遭逢起一經　干戈寥落四周星

山河破碎風飄絮　身世浮沉雨打萍

惶恐灘頭說惶恐　零丁洋裏嘆零丁

人生自古誰無死　留取丹心照汗青

達夫先生作圖

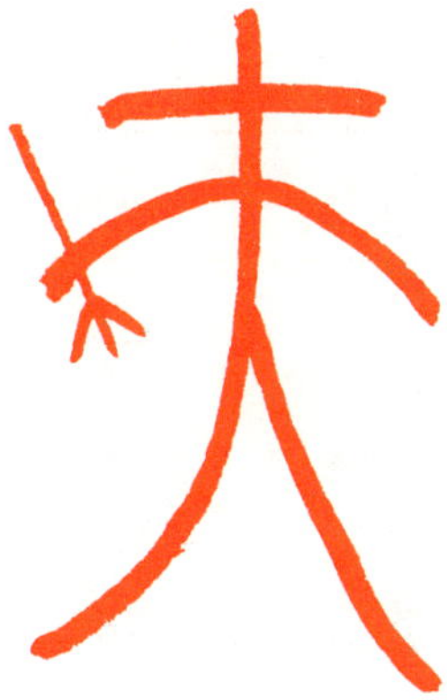

忠臣

小孝〃其身　大孝〃其心　至孝〃其志

人

生老病死

老病死

蒙卦第四

䷃ 坎下艮上

蒙亨匪我求童蒙童蒙求我

初筮告再三瀆瀆則不告利貞

象曰山下出泉蒙君子以果行育德

先生先死

定其心動其身

人之初性本善

先天 ✳ 後天

胎教

生：聽
三歲：說聽
七八歲：體勤　背識　習書　心定
十歲：觀寫　學藝
十五歲：技　專長　立志

百善孝為先論心不論迹論迹貧家無孝子

萬惡淫為首論迹不論心論心世上無完人

童蒙養正

先天 ✳ 後天

宗教

生：家風　家訓　家學　家規　家教　心性
七八歲：拜師　立仁
十五：立志
三十：成家　立業　而立
四十：不惑
五十：天命
六十：耳順
七十：從心所欲不逾矩
死：宗族家教　宗教

孔子曰君子有三戒少之時血氣未定戒之在色及其壯也血氣方剛戒之在鬭及其老也血氣既衰戒之在得

父母之愛子則為之計深遠

人

生老病死

先成家

後立業

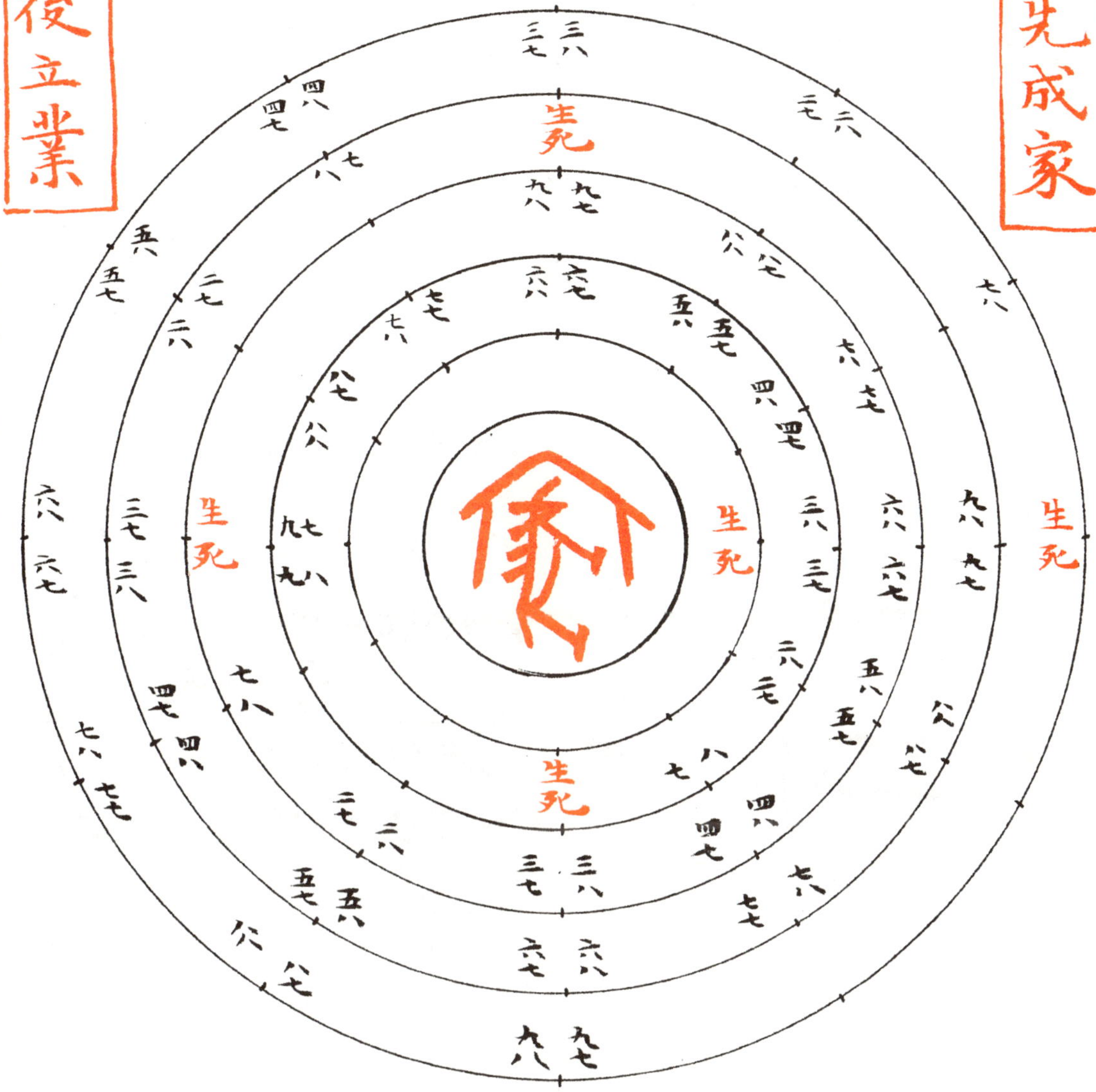

家道輪迴生生不息

家祭

去世先民

在世生民

來世後昆

人民

廟（家廟）

祠堂

家堂（堂屋）

家譜 家規 家訓

家教 家學 家風

獨立自主過日子

五世同堂多子多福

五福臨門
一曰壽二曰富三曰康寧四曰修德
五曰考終命 尚書洪範

示兒 南宋陸游
死去元知萬事空 但悲不見九州同
王師北定中原日 家祭無忘告乃翁
達夫先生作圖

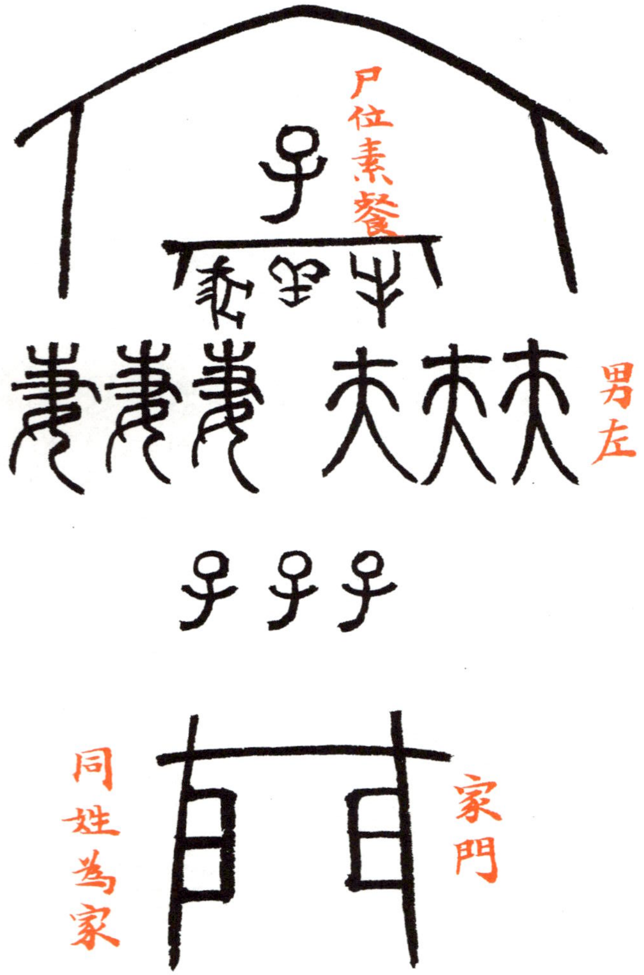

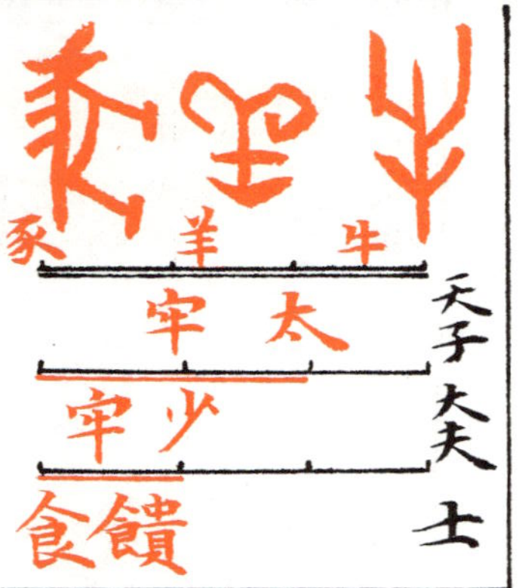

出家改姓自絕於列祖列
宗妻兒死不葬祖墳出嫁
受夫家之聘不改姓冠夫
姓生子女死後葬夫家墳

女大當嫁

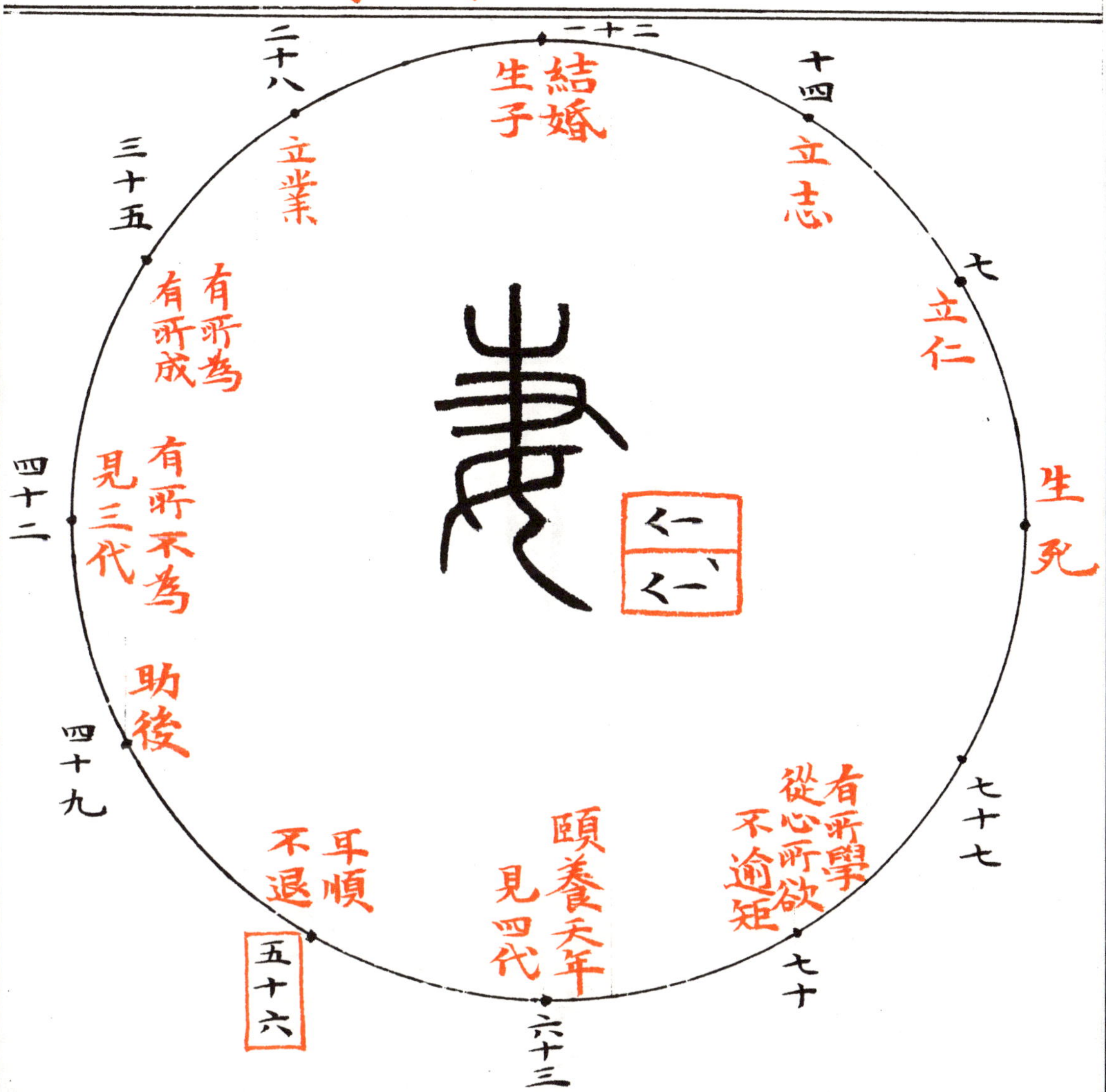

女七

七歲 腎氣盛 齒更髮長

二七 天癸至 任脈通 太沖脈盛 月事以下 故有子

三七 腎氣平均 故真牙生而長極

四七 筋骨堅 髮長極 身體盛壯

五七 陽明脈衰 面始焦 髮始墮

六七 三陽脈衰於上 面皆焦 髮始白

七七 任脈虛 太沖脈衰少 天癸竭 地道不通 故形壞而無子也

男大當婚

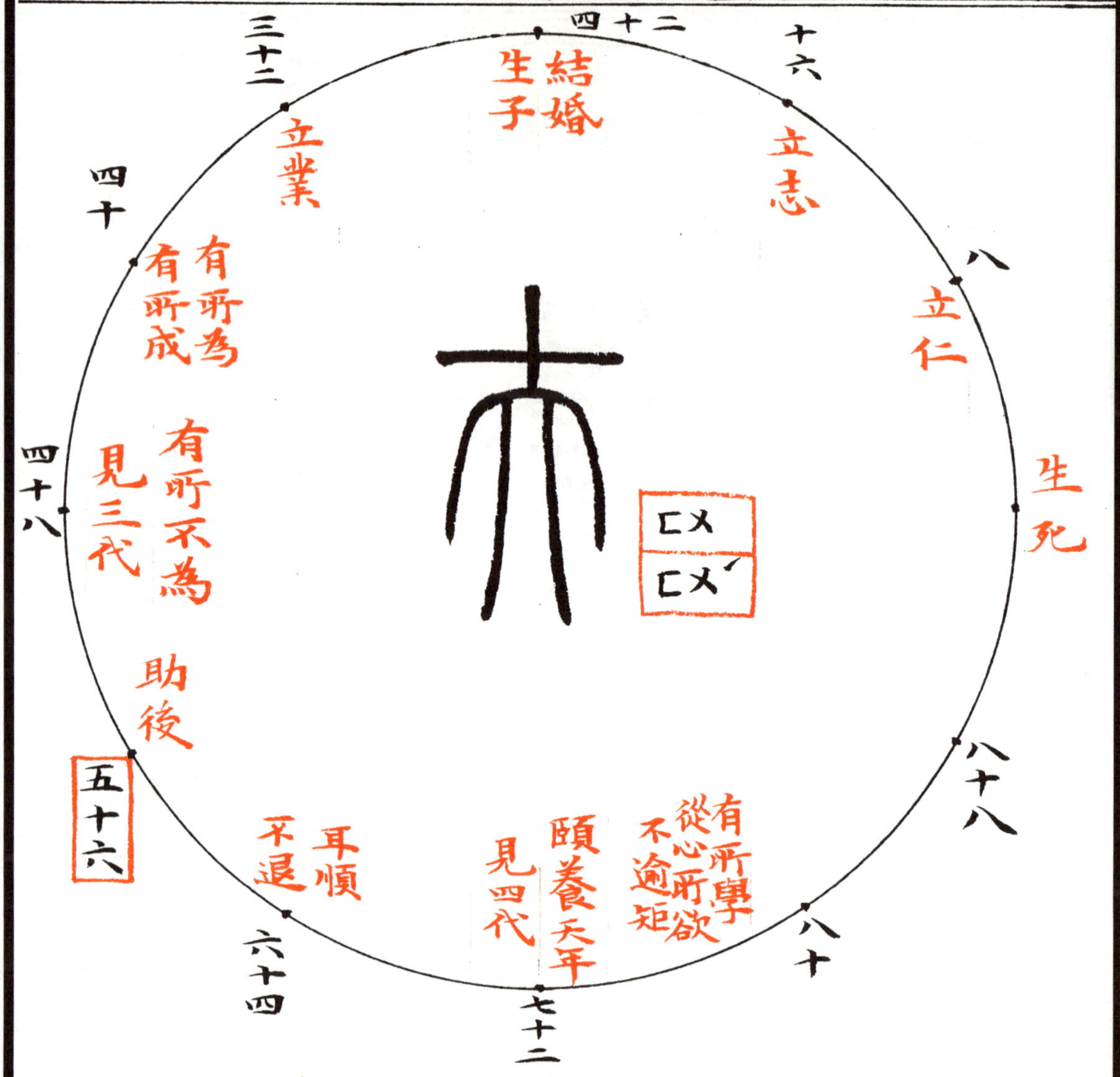

男八

八歲 腎氣實 髮長齒更

二八 腎氣盛 天癸至 精氣溢泄 陰陽和 故能有子

三八 腎氣平均 筋骨勁強 故真牙生而長極

四八 筋骨隆盛 肌肉滿壯

五八 腎氣衰 髮墮齒槁

六八 陽氣衰竭於上 面焦髮鬢頒白

七八 肝氣衰 筋不能動 天癸竭 精少 腎臟衰 形體皆極

八八 則齒髮去

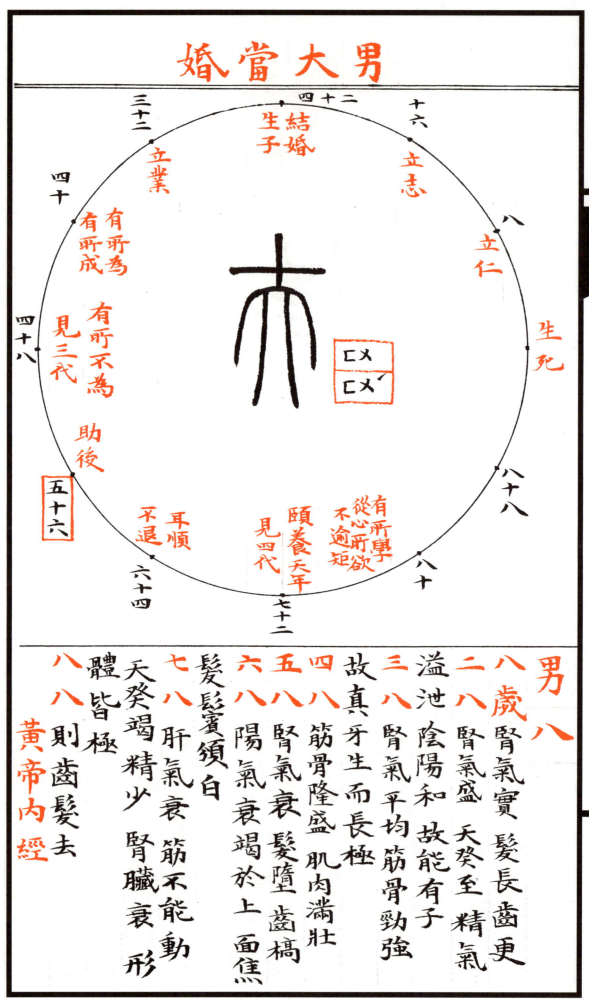

黃帝內經

政經戰 衣

丝 絲 絲 ㄙ
蠶所吐也 从二糸

朩 ㄆㄧㄣ
分枲莖皮也 从屮 八象枲之皮莖也

絶 ㄐㄩㄝ
斷絲也 从糸从刀从卩

巾 ㄐㄧㄣ
佩巾也 从冂 丨象糸也

市 ㄈㄨˊ
韠也 上古衣蔽前而已 市以象之 天子朱市 諸侯赤市 大夫蔥衡 从巾 象連帶之形

衤衣 一
依也 上曰衣 下曰裳 象覆二人之形

裘 ㄑㄧㄡ
皮衣也 从衣求聲 一曰象形 與衰同意

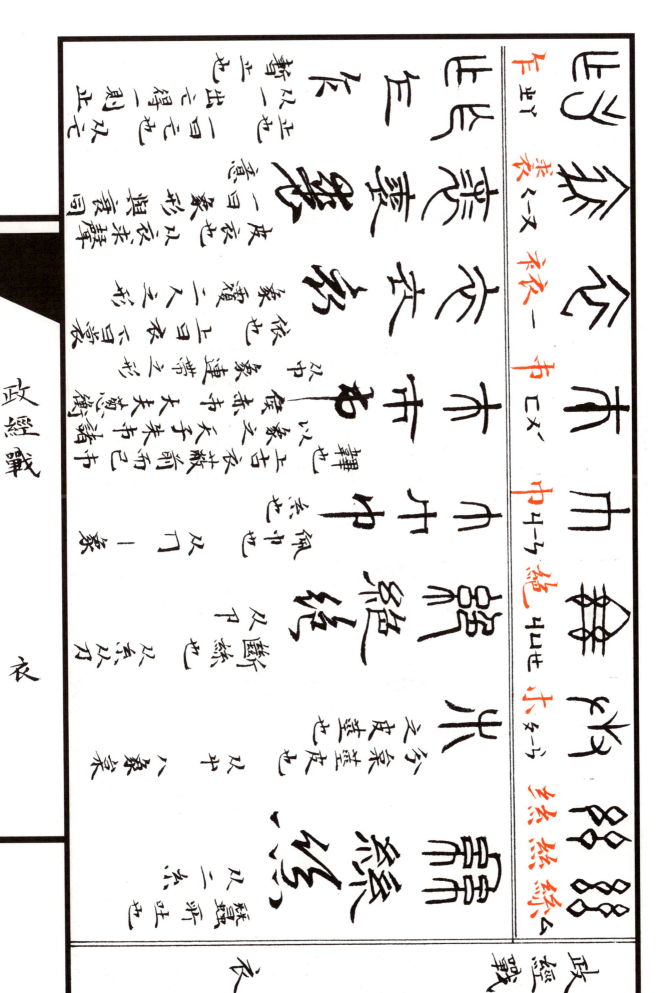

乍 ㄓㄚˋ
止也 一曰亡也 从亡 从一 出亡得一則止 暫止也

冖 ㄇㄧˋ　覆也　从一下垂也　俗作冪　冪

冃

冃 ㄇㄠˋ　小兒蠻夷頭衣也　从冂　二其飾也

卒 ㄗㄨˊ ㄘㄨˋ　隸人給事者衣為卒　卒衣有題識者

冑 ㄓㄡˋ　兜鍪也　从冃　由聲

衰 ㄕㄨㄞ ㄘㄨㄟ　艸雨衣　秦謂之蓑　从衣　象形

索 ㄙㄨㄛˇ　艸有莖葉　可作繩索　从米糸

革 ㄍㄜˊ　獸皮治去其毛　革更之　象古文革之形

皮 ㄆㄧˊ　剝取獸革者謂之皮　从又　為省聲

丩 ㄐㄧㄡ　兂 簪 ㄗㄢ　帶 ㄉㄞˋ　舄 ㄑㄩㄝˋ ㄒㄧˋ

丩　丩　相糾繚也 一曰瓜瓠結丩起 象形 凡丩之屬皆从丩 居虯切

兂　首笄也 从人 匕象簪形 凡兂之屬皆从兂 簪 俗兂 从竹从朁 側岑切

帶　帶　紳也 男子鞶帶 婦人帶絲 象繫佩之形 佩必有巾 从巾 當蓋切

舄　ㄒㄧˋ 履也 ㄑㄩㄝˋ 䧿也 象形 䧿 篆文舄从隹昝 七雀切

華夏

中國有禮義之大故稱夏

有服裝之美謂之華

嫁娶六禮

一曰納彩 聘禮 二曰問名 三曰納吉 四曰納徵 五曰請期 六曰親迎

五服

斬衰 齊衰 大功 小功 緦麻

甸服 侯服 綏服 要服（賓服） 荒服

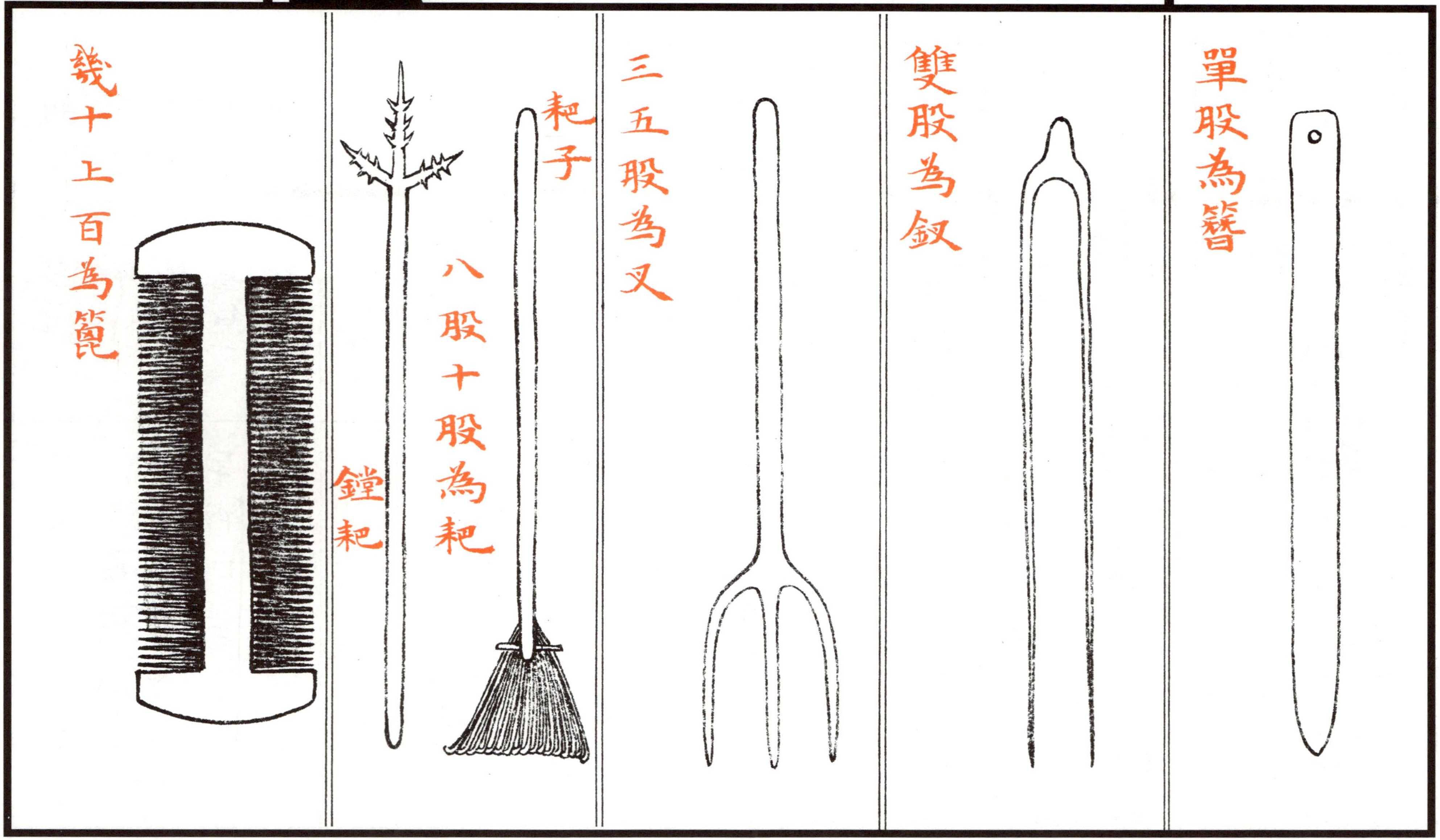
單股為簪
雙股為釵
三五股為叉
耙子
八股十股為耙
鎲耙
幾十上百為篦

冠冕堂皇

天子之冕十二旒
諸侯九上大夫七
下大夫五

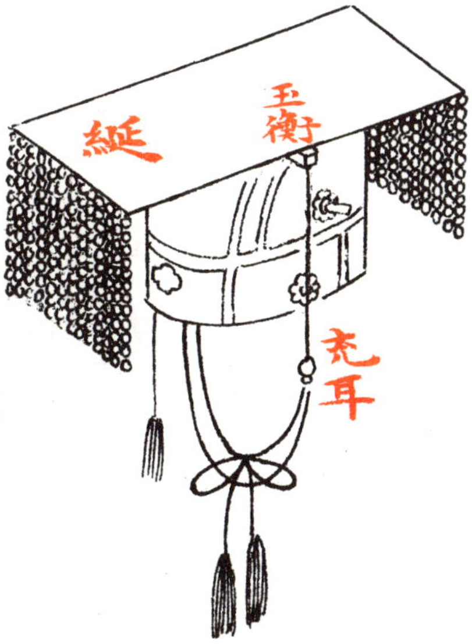

非禮勿視
視而不見
非禮勿聽
聽而不聞
非禮勿說
充耳不聞

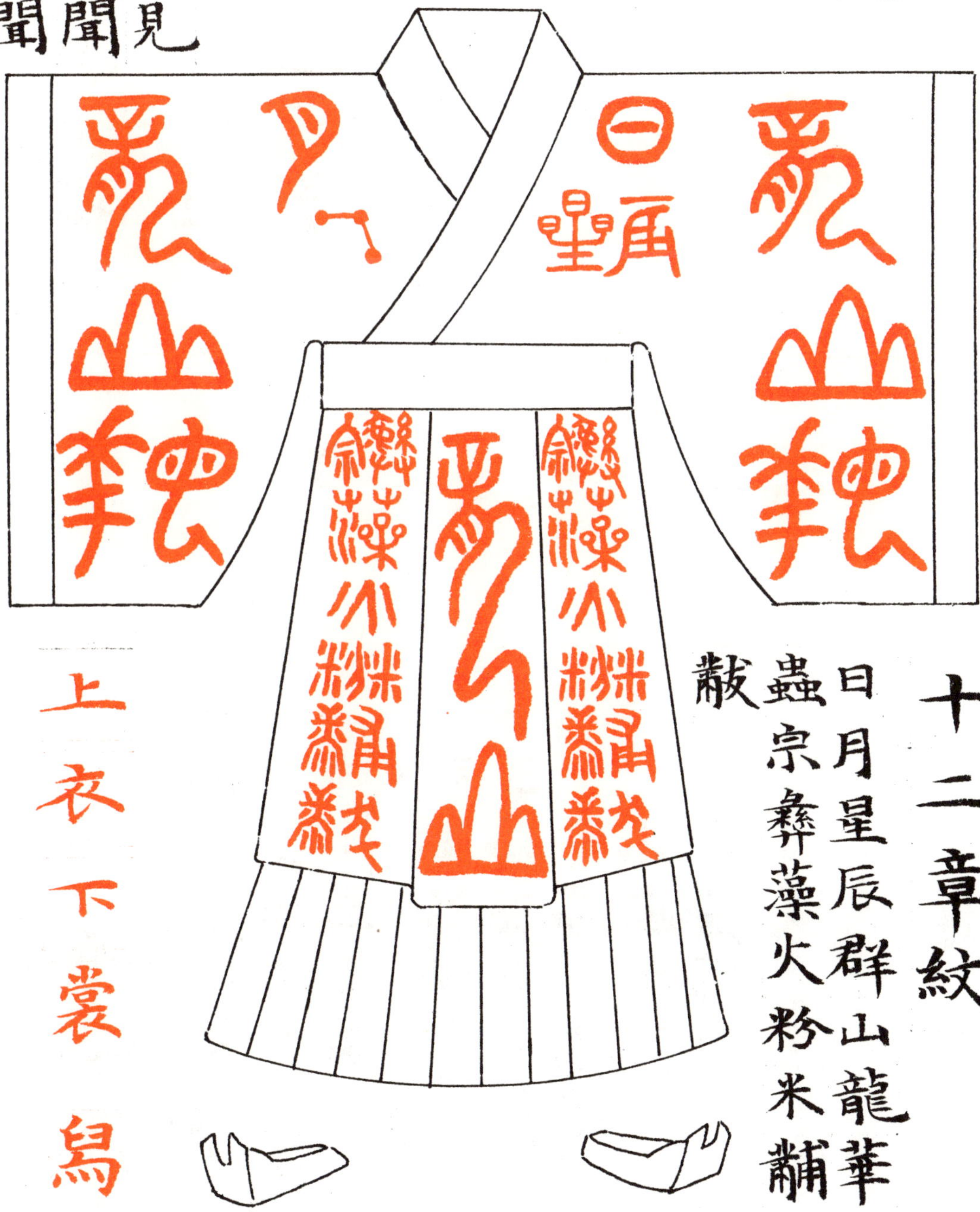

十二章紋

日月星辰群山龍華
蟲宗彝藻火粉米黼
黻

上衣下裳舄

夜夜曲　南朝沈約

河漢縱且橫　北斗橫復直
星漢空如此　寧知心有憶
孤燈暖不明　寒機曉猶織
零淚向誰道　鷄鳴徒嘆息

達夫先生作圖

傷田家

二月賣新絲
五月糶新穀
醫得眼前瘡
剜却心頭肉
我願君王心
化作光明燭
不照綺羅筵
只照逃亡屋

唐聶夷中詩

蠶婦

宋 張俞

昨日入城市
歸來淚滿巾
遍身羅綺者
不是養蠶人

達夫先生作圖

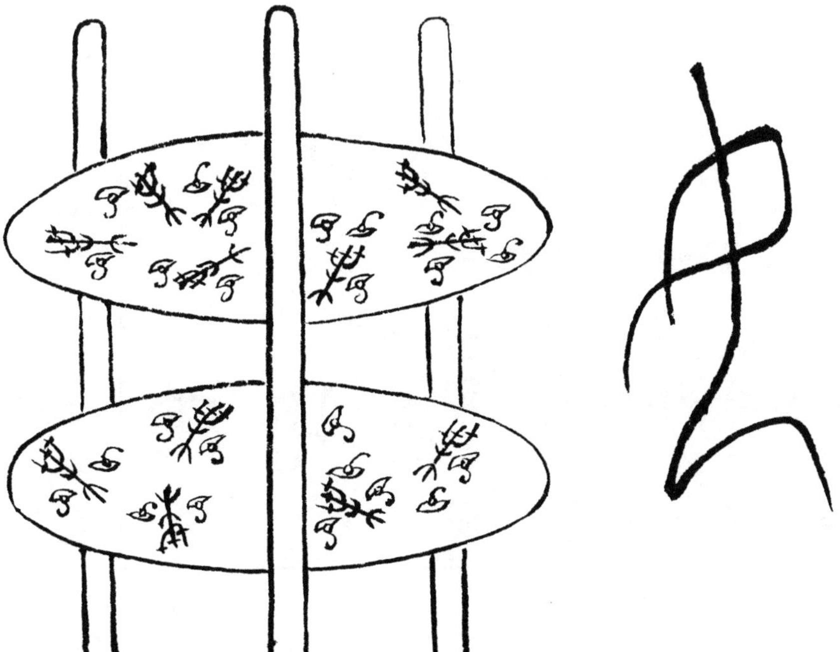

政經戰　食

田 ㄊㄧㄢˊ	井 ㄐㄧㄥˇ	丹 ㄉㄢ	里 ㄌㄧˇ	力 ㄌㄧˋ	耒 ㄌㄟˇ	周 ㄓㄡ	酉 ㄧㄡˇ

田：陳也樹穀曰田　象田口十阡陌之制也　井田制　六里而井井九百畝　其中為公田八家皆私百畝同養公田

井：八家一井　象構韓形罋之象也　古者伯益初作井

丹：巴越之赤石也　象采丹井　一象丹形

里：居也　从田从土

力：筋也　象人筋之形　治曰力　能圍大災

耒：手耕曲木也　从木推丰　古者垂作耒枱　以振民也

周：密也　从用口　周古文周字从古文及

酉：就也　八月黍成可為酎酒　象古文酉之形　果酒　糧食酒

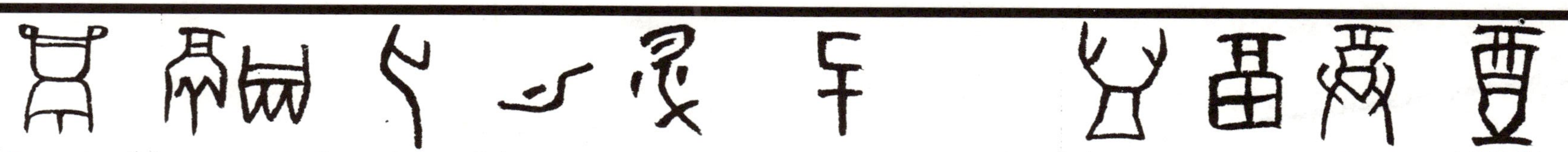

酋ㄑㄧㄡˊ 奠ㄉㄧㄢˋ 尊ㄗㄨㄣ 畐 皿ㄇㄧㄣˇ 斗ㄉㄡˇ 升ㄕㄥ 勺ㄕㄠˊ 匕ㄅㄧˇ 鬲ㄍㄜˊ ㄌㄧˋ 甗ㄧㄢˇ

酋：繹酒也 从酉 水半見於上 禮有大酋 掌酒官也 字秋切

奠：置祭也 从酋 酋酒也 下其丌也 禮有奠祭者 堂練切

尊：酒器也 从酋 廾以奉之 周禮六尊 犧尊 象尊 著尊 壺尊 太尊 山尊 以待祭祀賓客之禮 尊或从寸 祖昆切

畐（ㄈㄨˊ ㄅㄧˋ）：滿也 从高省 象高厚之形 讀若伏 芳逼切

皿：飯食之用器也 象形 與豆同意 讀若猛 武永切

斗：十升也 象形 有柄 凡斗之屬皆从斗 當口切

律曆志曰 合龠為合 十合為升 十升為斗 十斗為斛 龠容千二百黍

升：十龠也 从斗 亦象形 識蒸切

勺：挹取也 象形 中有實 與包同意 之若切

匕：相與比敘也 从反人 匕亦所以用比取飯 一名柶 卑履切

鬲：鼎屬 實五觳 斗二升曰觳 象腹交文 三足 凡鬲之屬皆从鬲 郎激切

甗：甑也 一曰穿也 从瓦 鬳聲 讀若言 魚蹇切

藥食同源 兩萬年起

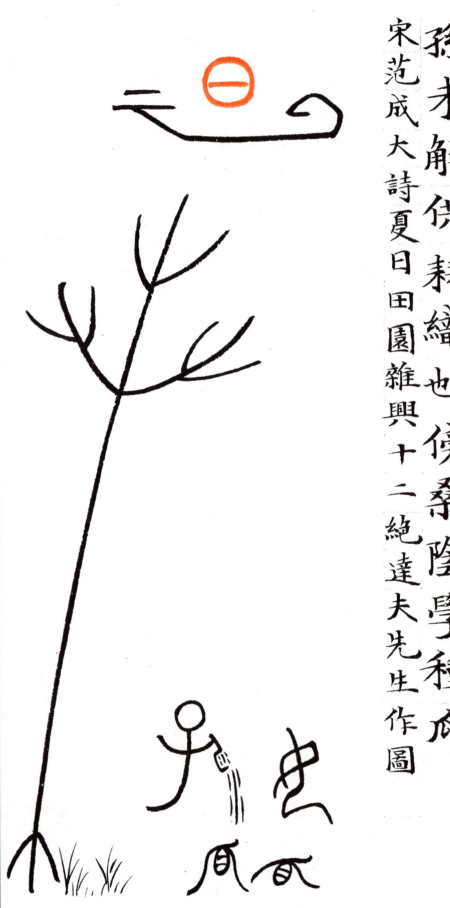

晝出耘田夜績麻村莊兒女各當家童孫未解供耕織也傍桑陰學種瓜

宋范成大詩夏日田園雜興十二絕達夫先生作圖

憫農 其一

唐 李紳

春種一粒粟

秋收萬顆子

四海無閑田

農夫猶餓死

達夫先生作圖

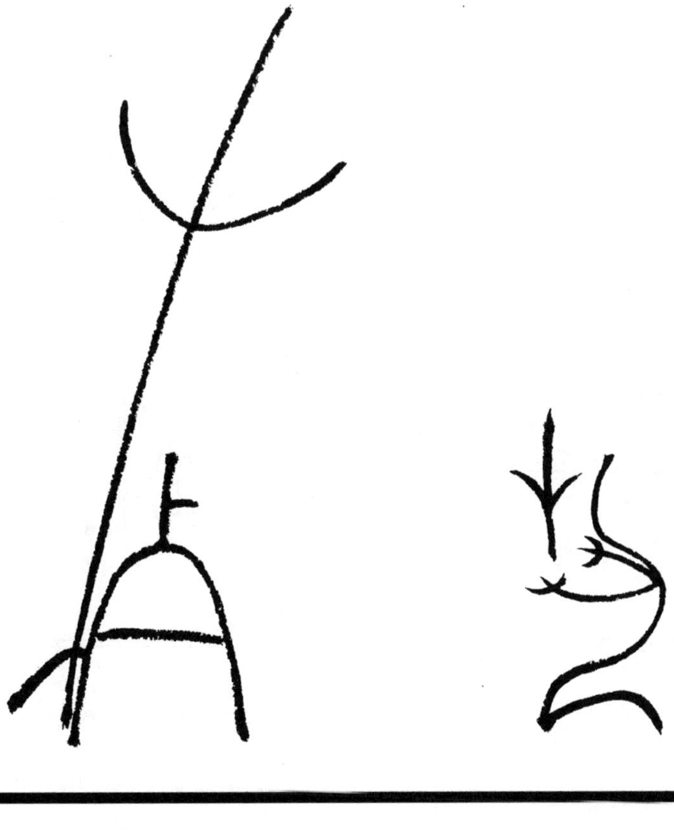

政經戰

曾 ㄗㄥ ㄘㄥˊ

曾 四聲

詞之舒也 从八从日

鼎 ㄉㄧㄥˇ

鼎

三足兩耳和味之寶器也昔禹收九牧之金鑄鼎荊山之下入山林川澤螭魅蝄蜽莫能逢之以協承天休 易卦巽木於下者為鼎 象析木以炊也

豆 ㄉㄡˋ

豆

古食肉器也 从口象形

缶 ㄈㄡˇ

缶

瓦器所以盛酒漿秦人鼓之以節謌

甾 ㄗㄞ ㄗ

東楚名缶曰甾

盂 ㄩˊ

盂

飯器也

壺 ㄏㄨˊ

壺

昆吾圜器也 象形 从大 象其蓋也

斝 ㄐㄧㄚˇ

玉爵也 夏曰琖 殷曰斝 周曰爵 从吅从斗 冂象形 與爵同意 或說斝受六斗

爵 ㄐㄩㄝˊ　卮 ㄓ　由 ㄧㄡˊ　丮 ㄐㄧˇ　卣 ㄧㄡˇ　圃 ㄆㄨˇ　囿 ㄧㄡˋ　录 ㄌㄨˋ

爵　禮器也 象爵之形中有鬯酒 又持之也所以飲 器象爵者 取其鳴節節足足也 𥨍古文爵 象形

卮　圜器也 一名觛 所以節飲食 象人 卪在其下也 易曰 君子節飲食

由　用也 爾雅 自也

丮　持也 象手有所丮據也

卣　艸木實垂卣卣然 象形

圃　種菜曰圃 从囗甫聲

囿　苑有垣也 从囗有聲 一曰禽獸曰囿

录　刻木录录也 象形 凡录之屬皆从录 盧谷切

嗇 ㄙㄜˋ　㐭廩 ㄌㄧㄣˇ　盡 ㄐㄧㄣˋ　良 ㄌㄧㄤˊ　鹵 ㄌㄨˇ

嗇 嗇：愛濇也　从來从㐭　來者㐭而藏之　故田夫謂之嗇夫

㐭：賜穀也　穀所振入　宗廟粢盛　倉黃㐭而取之　故謂之㐭　从入回象屋形　中有戶牖

盡 盡：器中空也　从皿㶳聲

良 良：善也　从畗省　亡聲　𠳵古文良　𡆆亦古文良　𥆝亦古文良

鹵 鹵：西方鹹地也　从西省　象鹽形　安定有鹵縣　東方謂之㡿　西方謂之鹵

種豆南山下草盛豆苗稀
晨興理荒穢帶月荷鋤歸
道狹草木長夕露沾我衣
衣沾不足惜但使願無違

東晉陶淵明詩歸園田居其三
達夫先生作圖

清平樂 村居 南宋辛棄疾

茅檐低小溪上青〻草醉裏吴音相媚好白髮誰家翁媪大兒鋤豆溪東中兒正織鷄籠最喜小兒亡賴溪頭臥剥蓮蓬

達夫先生作圖

手持青秧插滿田低頭便見水中天六根清淨方為道退後原來是向前

五代後梁契此和尚插秧詩達夫先生作圖

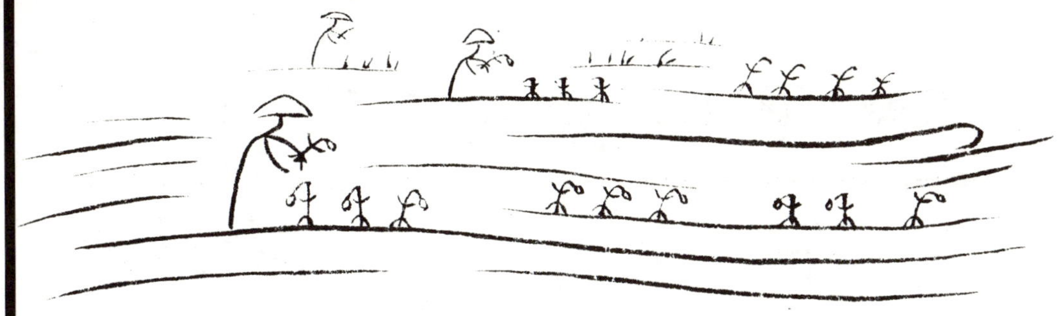

政經戰

住

宀	ㄇㄧㄢˊ	交覆深屋也 象形
穴	ㄒㄩㄝˊ	土室也 从宀八聲 象嵌空之形 非八字
瓦	ㄨㄚˇ ㄨㄚˋ	土器已燒之總名 象形
內	ㄋㄟˋ	入也 从冂 自外而入也
門	ㄇㄣˊ	聞也 从二戶 象形
戶	ㄏㄨˋ	護也 半門曰戶 象形
柵	ㄕㄢ	編樹木也 从木从冊 冊亦聲
冖	ㄇㄧˋ	覆也 从一下垂也 俗作冪

几 几 ㄐㄧ ㄐㄧˇ 几
踞几也 象形 周禮 五几 玉几 雕几 形几 髹几 素几 坐所以凭也

囧 囧 ㄐㄩㄥˇ 囧
窻牖麗廔闓明 象形

囱 囱 ㄘㄨㄥ 囱 囱
在牆曰牖 在屋曰囱 象形也 牖 穿壁以木為交窗

墙 墻 ㄑㄧㄤˊ 牆 墻 牆
垣蔽也 从嗇爿聲 牆 籀文从二禾 牆 籀文亦从二來

區 區 ㄑㄩ ㄡ 區 區 區
踦區 藏匿也 从品在匸中 品眾也

里 里 ㄌㄧˇ 里 里 里
居也 从田从土

邑 邑 ㄧˋ 邑 邑 邑
國也 从口 先王之制 尊卑有大小 从卪 左傳凡偁人曰大國 凡自偁曰敝邑 古國邑通偁

巷 巷 ㄒㄧㄤˋ ㄏㄤˋ 巷 巷 巷
篆文从邑省 巷為小篆 則知䢽為古籀文也 先古籀後篆者 亦上部之例 巷今作巷

郭 郭 ㄍㄨㄛ 郭 郭 郭 郭
齊之郭氏虛 善善不能進 惡惡不能退 是以亡國也 从邑

政經戰

往

冂 ㄐㄩㄥ ㄐㄩㄥˇ

冂 邑外謂之郊，郊外謂之野，野外謂之林，林外謂之冂。象遠界也。

囗 ㄨㄟˊ ㄍㄨㄛˊ

回也。象回帀之形。回轉也。

北京四合院

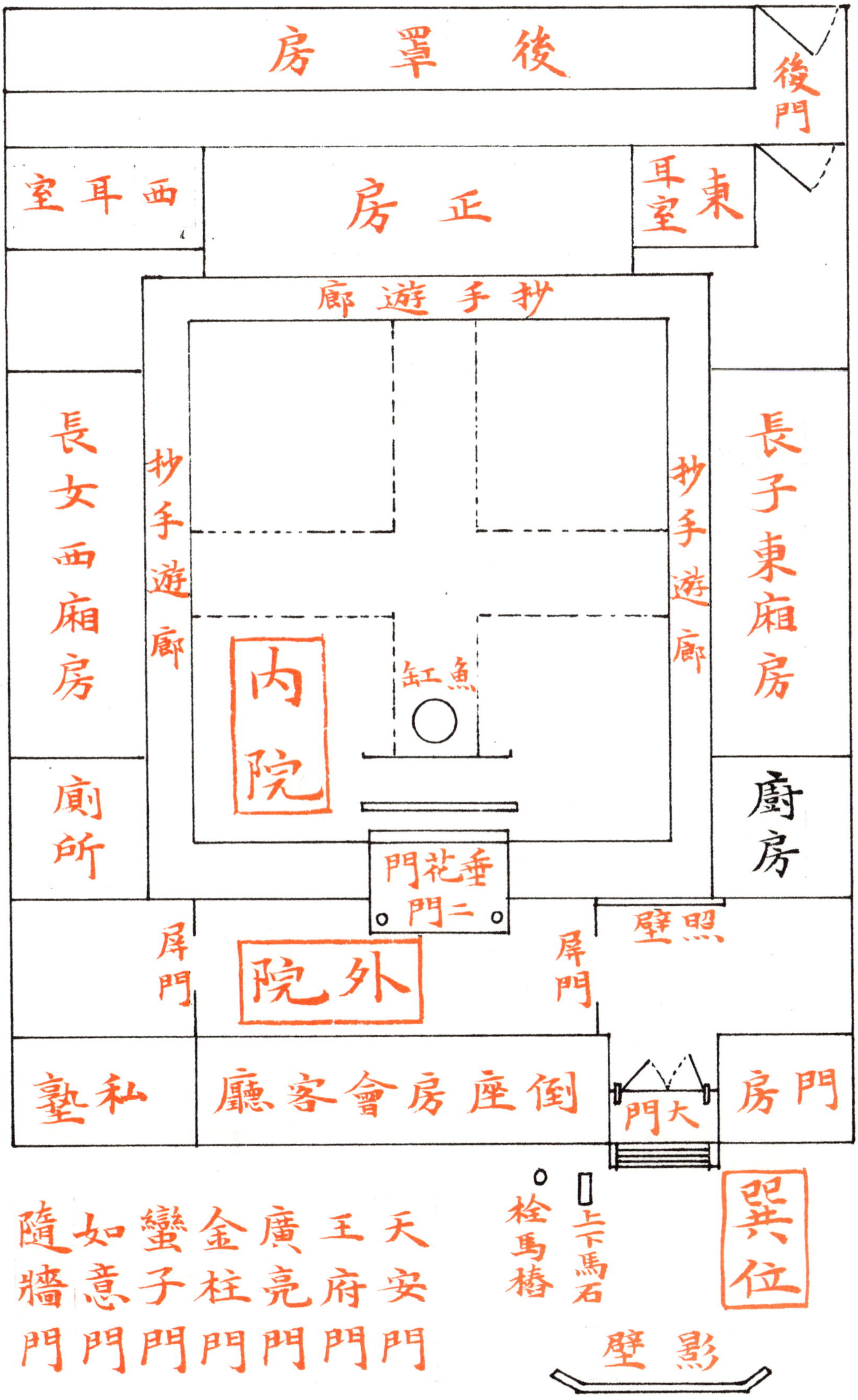
後罩房
後門
西耳室
正房
東耳室
抄手遊廊
長女西廂房
抄手遊廊
抄手遊廊
長子東廂房
內院
魚缸
廁所
廚房
垂花門
二門
照壁
屏門
外院
屏門
私塾
倒座房會客廳
大門
門房
拴馬樁
上下馬石
巽位
天安門
王府門
廣亮門
金柱門
蠻子門
如意門
隨牆門
影壁

内九外七皇城四

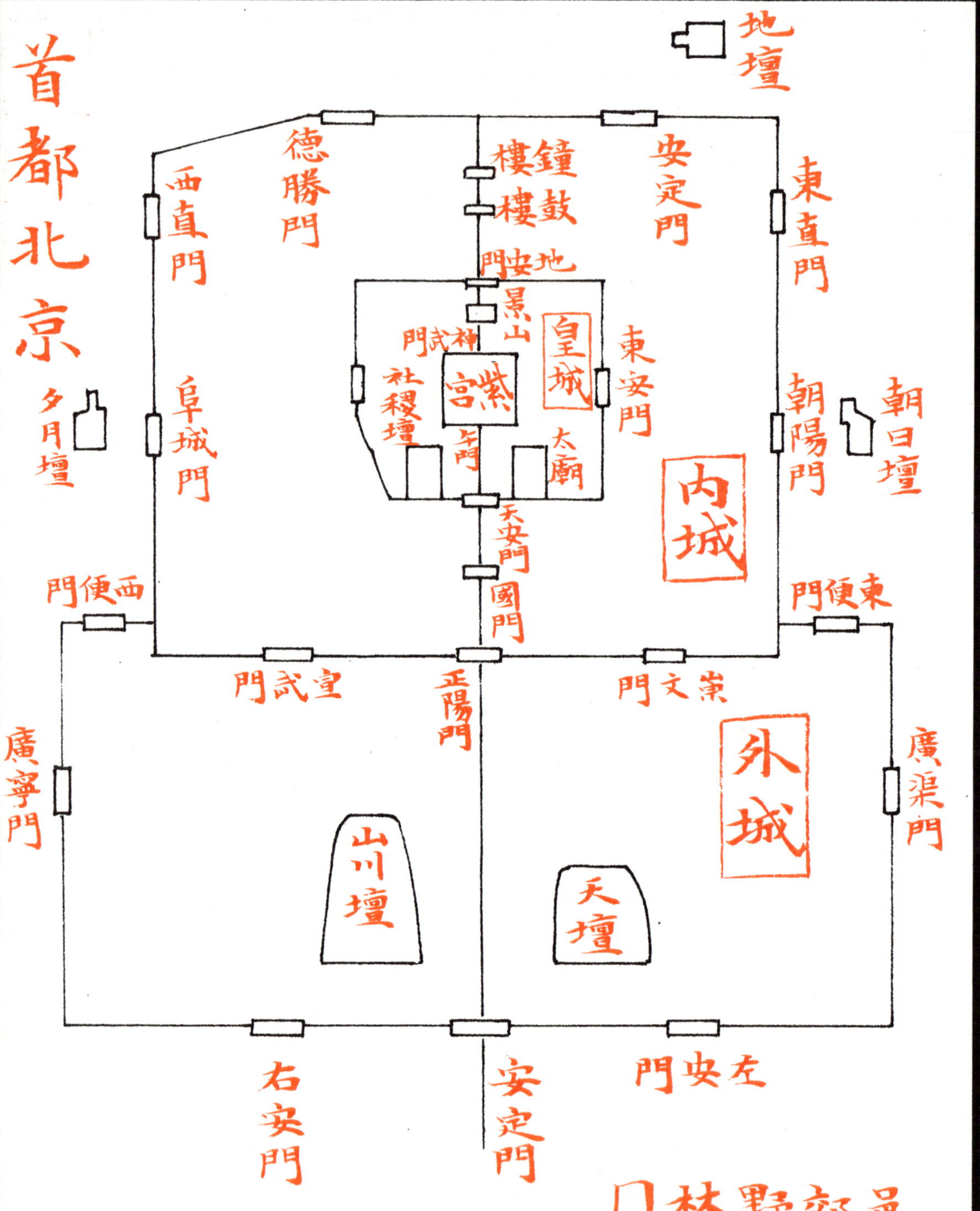

邑外謂之郊
郊外謂之野
野外謂之林
林外謂之门
门遠界也

郊亭—野—林—门

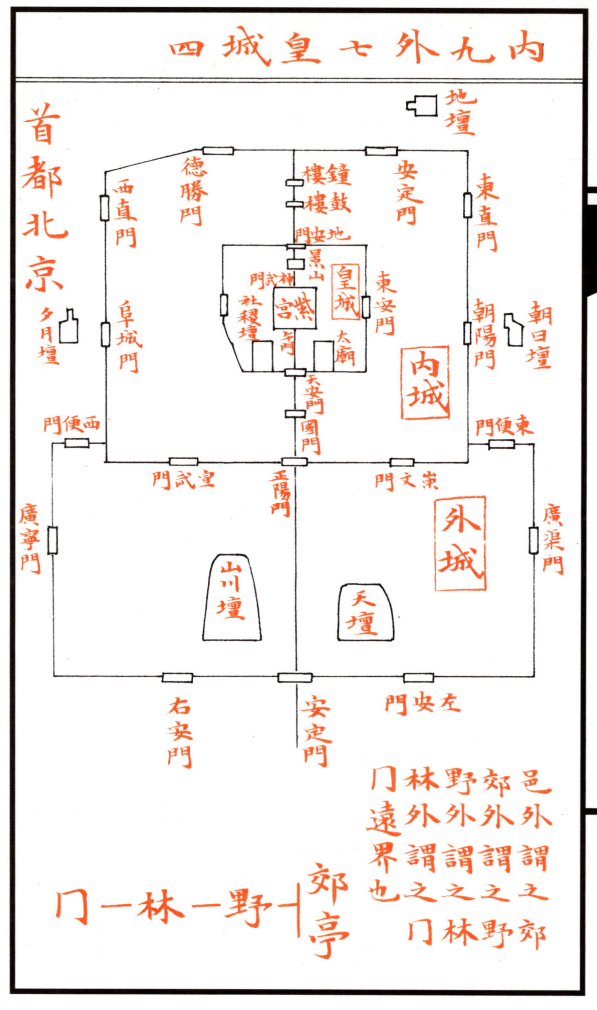

寧可食無肉不可居無竹無肉令人瘦無竹令人俗人瘦尚可肥士俗不可醫旁人笑此言似高還似痴若對此君仍大嚼世間哪有揚州鶴

北宋蘇軾詩於潛僧綠筠軒達夫先生作圖

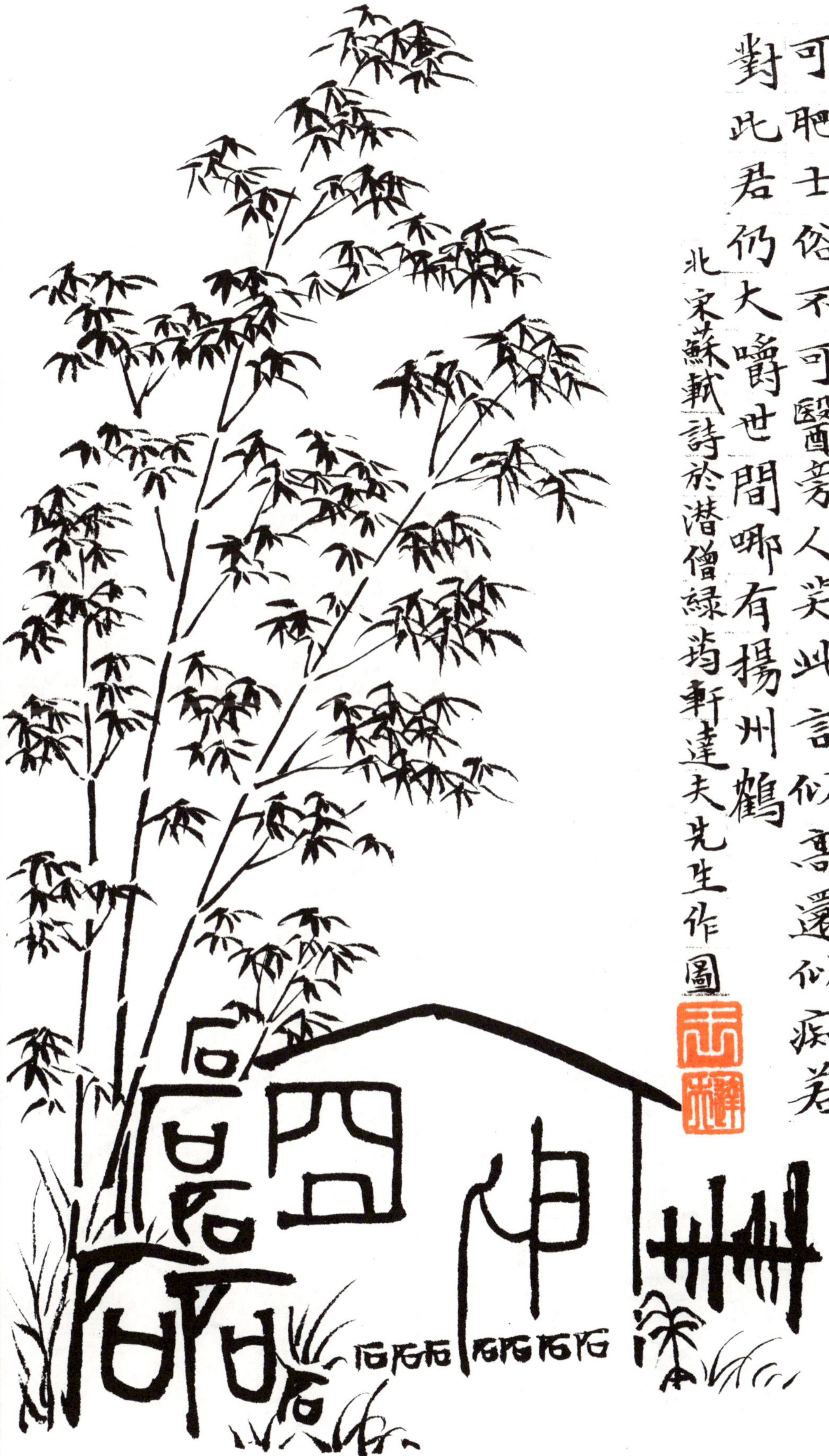

茅檐長掃淨無
苔花木成畦手
自栽一水護田
將綠繞兩山排
闥送青來 其一
北宋書湖陰先
生壁王安石詩
達夫先生作圖

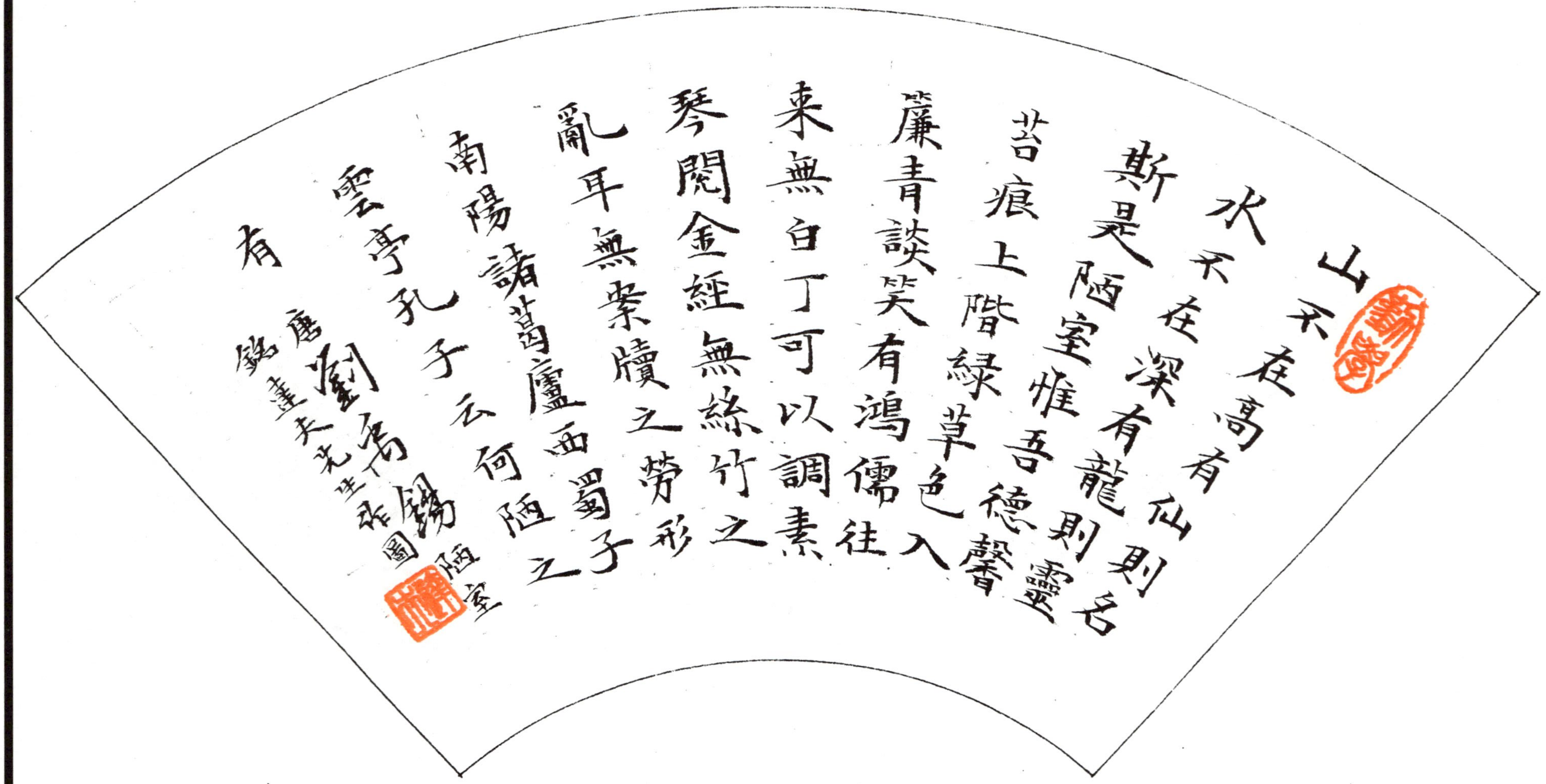
山不在高有仙則名
水不在深有龍則靈
斯是陋室惟吾德馨
苔痕上階綠草色入
簾青談笑有鴻儒往
來無白丁可以調素
琴閱金經無絲竹之
亂耳無案牘之勞形
南陽諸葛廬西蜀子
雲亭孔子云何陋之
有
唐劉禹錫陋室
銘
蓮夫先生存圖

行 ㄏㄤˊ ㄒㄧㄥˊ
人之步趨也从彳从亍凡行之屬皆从行 戶庚切

亍 ㄔㄨˋ
步止也从反彳讀若畜 丑玉切

彳 ㄔˋ
小步也象人脛三屬相連也凡彳之屬皆从彳 丑亦切

輛 ㄌㄧㄤˋ
車一乘即稱一兩

兩 ㄌㄧㄤˇ
㒳 兩
二十四銖為一兩从一㒳平分亦聲 良奬切

車 ㄔㄜ ㄐㄩ
輿輪之總名夏后時奚仲所造象形凡車之屬皆从車 𨏔 籒文 尺遮切

舟 ㄓㄡ
船也古者共鼓貨狄刳木為舟剡木為楫以濟不通象形凡舟之屬皆从舟 職流切

廴 一ㄣˇ 一ㄣˋ 廴

長行也 从彳引之 凡廴之
屬皆从廴 余忍切

凡 ㄈㄢˊ 凡

最括也 从二 二偶也 从乃 乃古
文及 浮芝切

回 ㄏㄨㄟˊ 回囘囬廻迴

轉也 从口 中象
回轉形 同 古文
户恢切

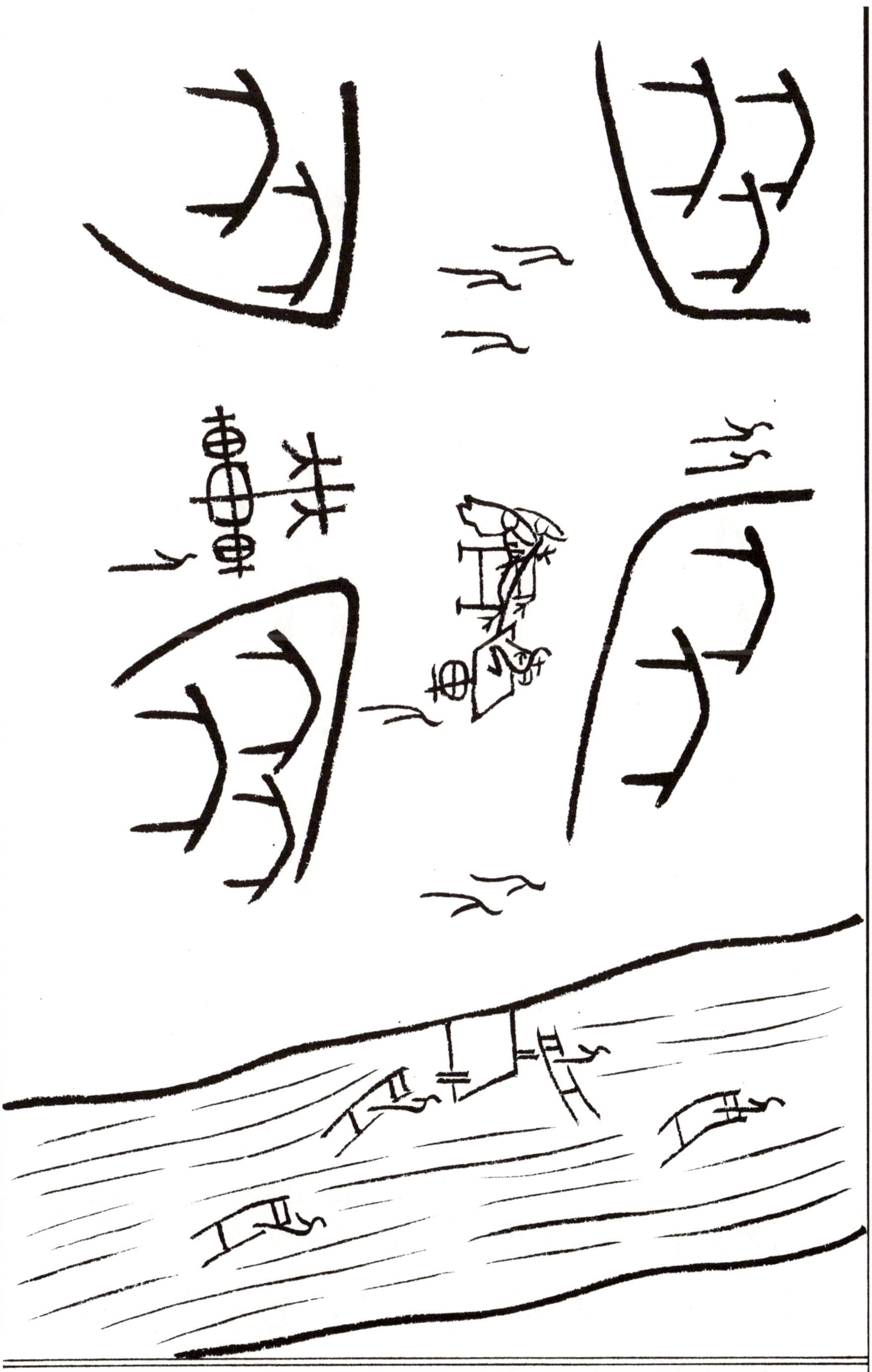

車如流水馬如龍

向晚意不適驅車登古
原夕陽無限好只是近
黃昏

唐李商隱詩樂遊原達夫先
生作圖

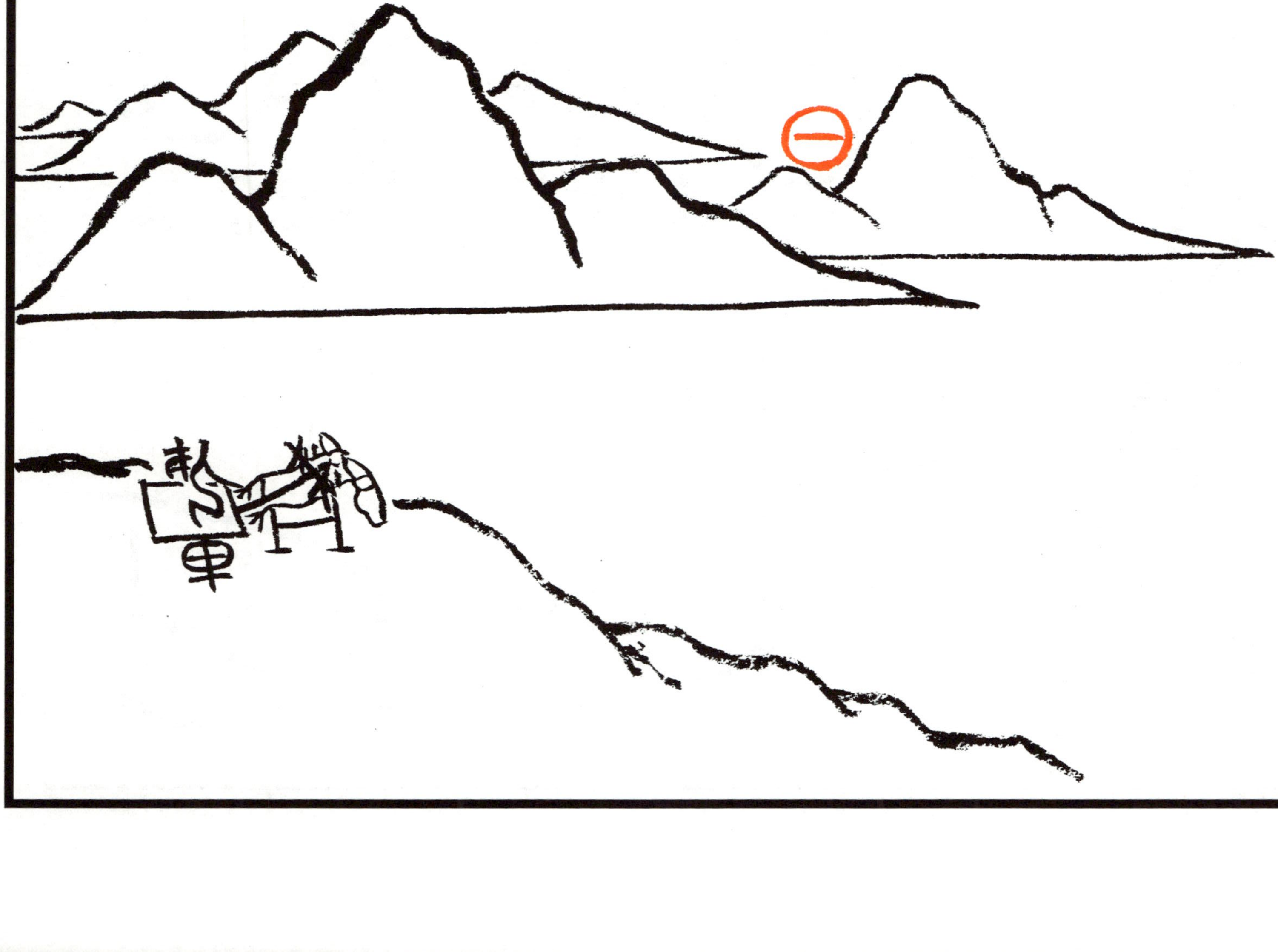

送別

王維

下馬飲君酒
問君何所之
君言不得意
歸卧南山陲
但去莫復問
白雲無盡時

達夫先生作圖

京口瓜洲一水
間鐘山祇隔數
重山春風又綠
江南岸明月何
時照我還
宋王安石詩
泊船瓜洲達
夫先生作圖

遠上寒山石徑斜
白雲生處有人家
停車坐愛楓林晚
霜葉紅於二月花
唐杜牧詩山行
達夫先生作圖

渭城朝雨浥輕塵
客舍青〃柳色新
勸君更盡一杯酒
西出陽關無故人
唐王維詩送元二使
安西達夫先生作圖

琴學初津

初送

清和節當春渭城朝雨浥輕塵客舍
青〃柳色新勸君更盡一杯酒西出
陽關無故人霜夜與霜晨遄行遄行
長途越度關津惆悵役此身歷苦辛
歷苦辛歷〃苦辛宜自珍宜自珍

二送

渭城朝雨浥輕塵客舍青〃柳色新
勸君更盡一杯酒西出陽關無故人
依〃顧戀不忍離淚滴沾巾無復相
輔仁感懷感懷思君十二時辰誰相
因誰相因誰可相因日馳神

三送

渭城朝雨浥輕塵客舍青〃柳色新
勸君更盡一杯酒西出陽關無故人
芳草遍如茵旨酒旨酒未飲心已先
醇載馳駰載馳駰何日言旋軒轔能
酌幾多巡千巡有盡寸衷難泯無窮
的傷感楚天湘水隔遠津期早托鴻
鱗尺素申尺素申尺素頻申如相新
如相新

尾泛

噫从今一别两地相思入夢頻聞雁來賓

松下問童子言師采藥去
只在此山中雲深不知處
唐賈島詩尋隱者不遇達
夫先生作圖

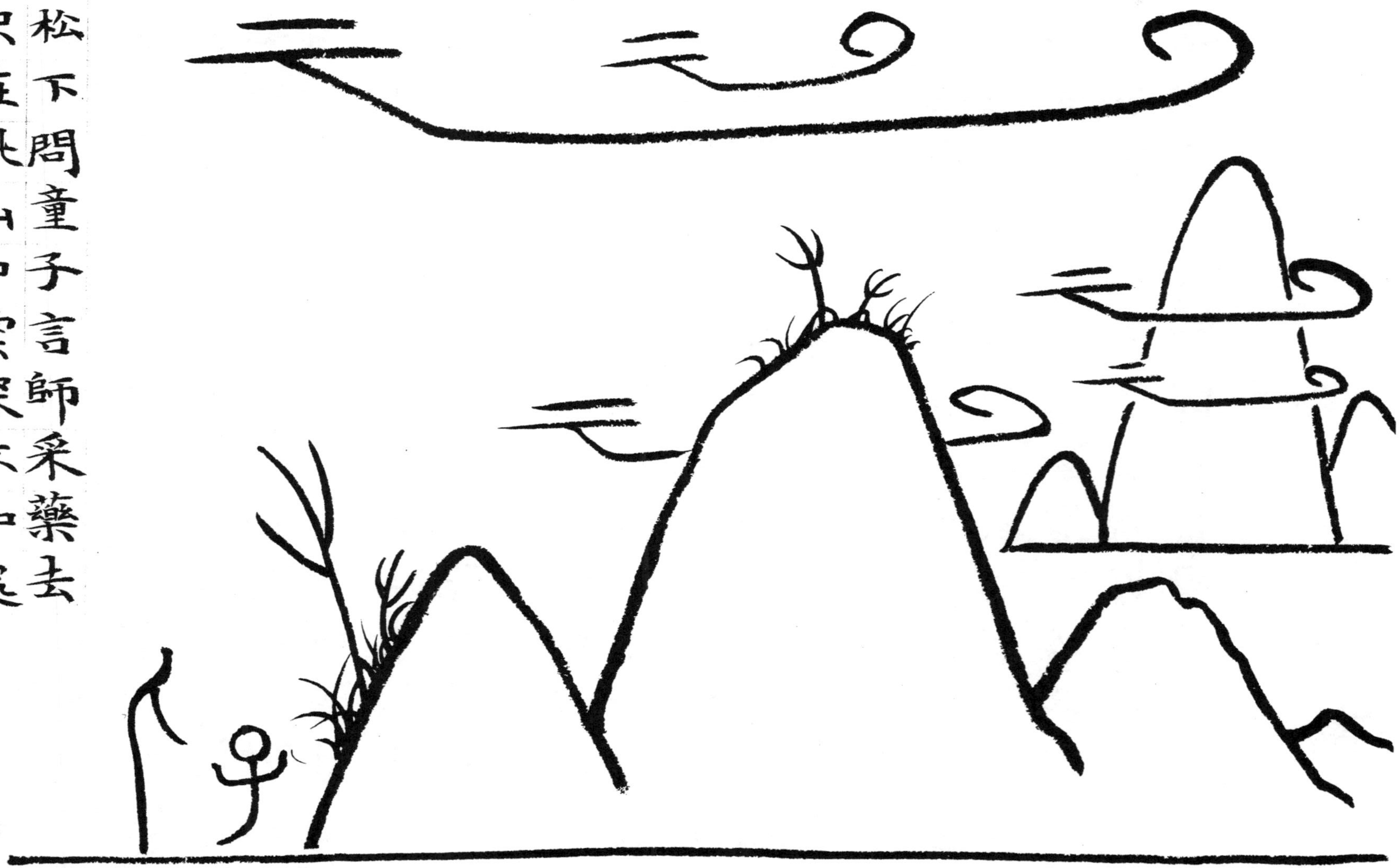

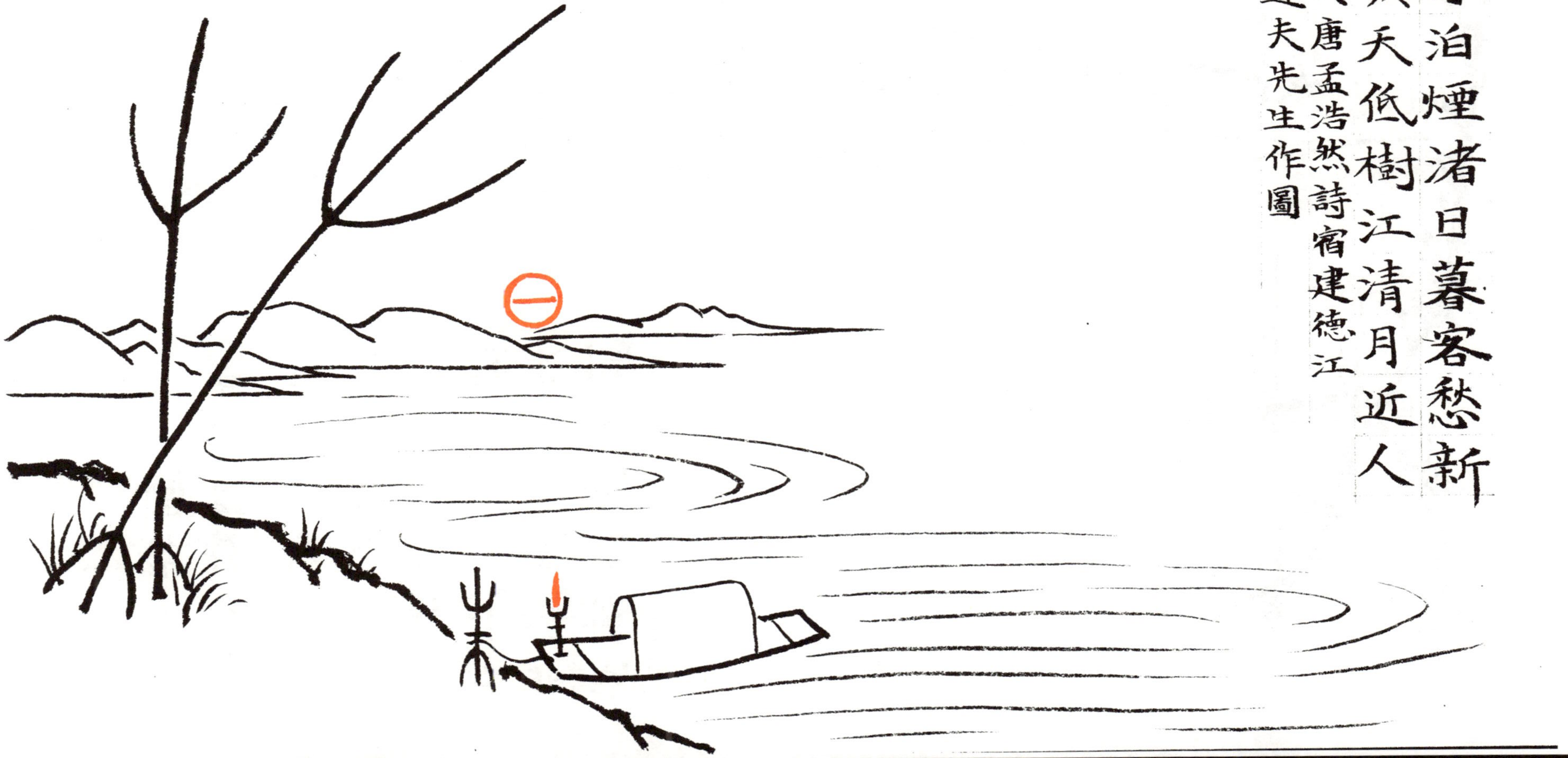

移舟泊煙渚日暮客愁新
野曠天低樹江清月近人

大唐孟浩然詩宿建德江
達夫先生作圖

枯藤老樹昏鴉
小橋流水人家
古道西風瘦馬
夕陽西下
斷腸人在天涯
大元馬致遠天
淨沙秋思達夫
先生作圖
①

山中相送罷
日暮掩柴扉
春草明年綠
王孫歸不歸
唐王維詩送别
達夫先生作圖

政
經
戰

用

片 ㄆㄧㄢ ㄆㄧㄢˋ
片 片
判木也 从半木

爿 ㄆㄢˊ ㄑㄧㄤˊ ㄔㄨㄤˊ
判木也 从反片 指事

其 ㄑㄧˊ ㄐㄧ
箕 其 其
簸也 从竹甘 象形 下其丌也

工 ㄍㄨㄥ
工 工
巧飾也 象人有規榘也 與巫同意

巨 ㄐㄩˋ
巨 巨
規巨也 从工 象手持之 榘 巨或从木矢 矢者其中正也

曲 ㄑㄩ ㄑㄩˇ
曲
象器曲受物之形 或說曲蠶薄也

斤 ㄐㄧㄣ
斤 斤
斫木也 象形

可 ㄎㄜˇ ㄎㄜˋ
可 可
肎也 从口丂 丂亦聲

玉 ㄩˋ

王 玉 𤣩

王

石之美有五德 潤澤以溫 仁之方也 䚡理自外 可以知中 義之方也 其聲舒揚 尃以遠聞 智之方也 不橈而折 勇之方也 銳廉而不技 絜之方也 象三玉之連 丨其貫也 凡玉之屬皆从玉 𤣩古文玉 魚欲切

网 網 ㄨㄤˇ

罔 𦉰

网 網 罓

庖犧所結繩以漁 从冂 下象网交文 凡网之屬皆从网 文紡切

臼 ㄐㄧㄡˋ

臼 臼 臼

舂也 古者掘地為臼 其後穿木石 象形 中米也 凡臼之屬皆从臼 其九切

匠 ㄐㄧㄤˋ

匠 匠

木工也 从匚从斤 斤所以作器也 疾亮切

匚 ㄈㄤ

匚 匚

受物之器 象形 凡匚之屬皆从匚 讀若方 府良切

主 ㄓㄨˇ

主 主 主

鐙中火主也 从𡉚 象形 从丶 丶亦聲 之庾切

互 ㄏㄨˋ

笠 互 互

可以收繩也 从竹 象形 中象人手所推握也 互 笠或省 胡誤切

賣油翁

北宋歐陽脩文

陳康肅公堯咨善射，當世無雙，公亦以此自矜。嘗射於家圃，有賣油翁釋担而立，睨之久而不去。見其發矢十中八九，但微頷之。康肅問曰：汝亦知射乎？吾射不亦精乎？翁曰：無他，但手熟爾。康肅忿然曰：爾安敢輕吾射！翁曰：以我酌油知之。乃取一葫蘆置於地，以錢覆其口，徐以杓酌油瀝之，自錢孔入而錢不濕。因曰：我亦無他，惟手熟爾。康肅笑而遣之。此與莊生所謂解牛斫輪者何異？

達夫先生作圖

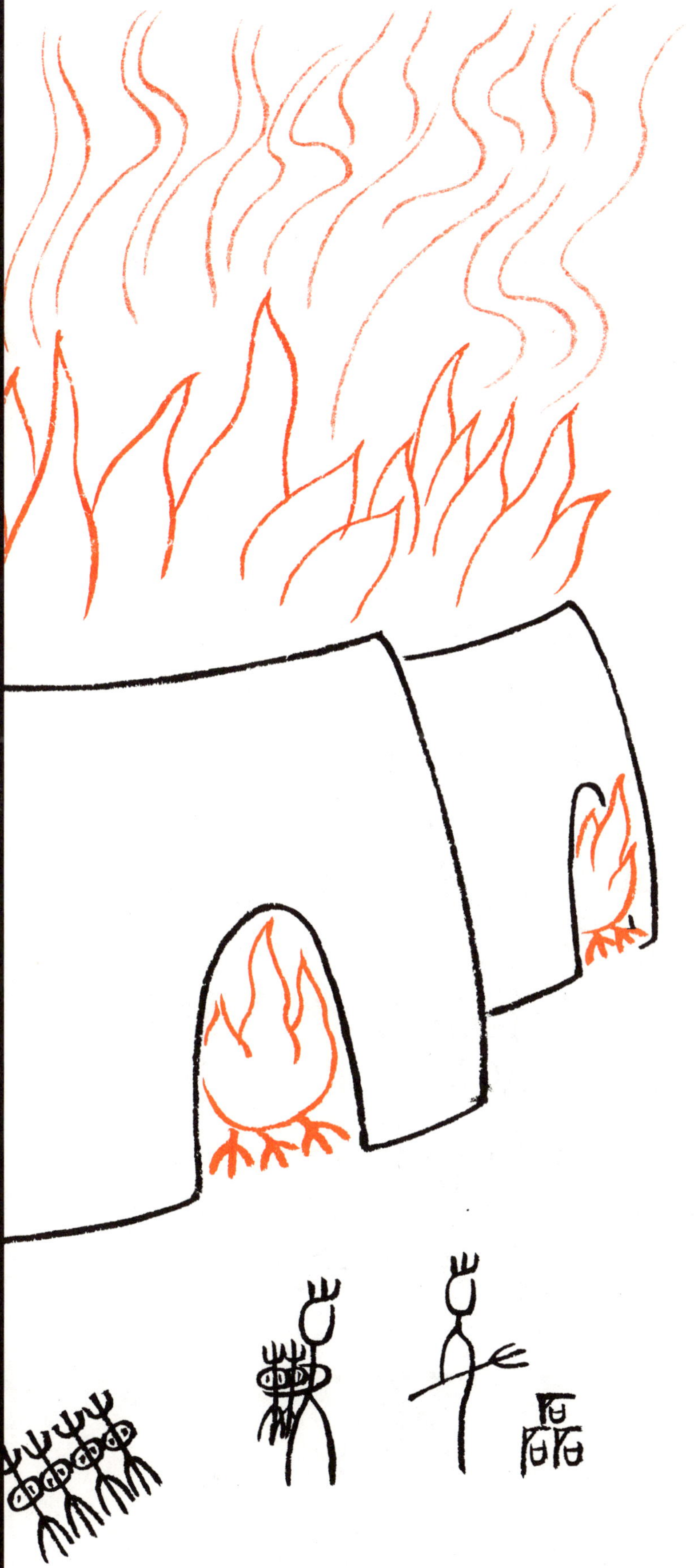

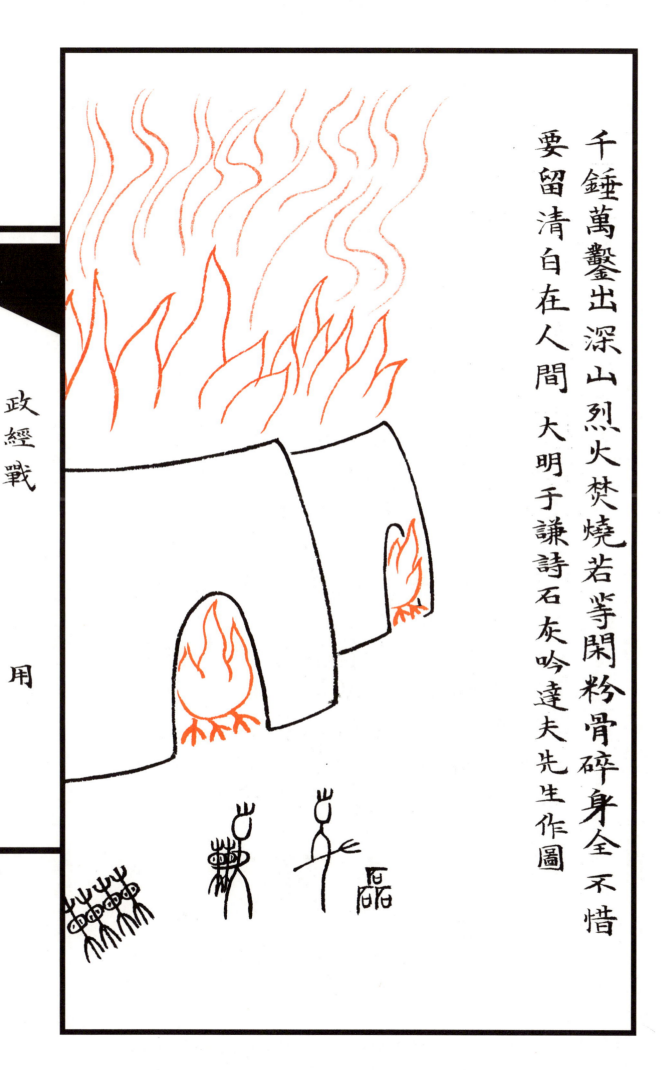

千錘萬鑿出深山烈火焚燒若等閑粉骨碎身全不惜要留清白在人間

大明于謙詩石灰吟達夫先生作圖

符讀書城南

大唐韓愈

木之就規矩在梓匠輪輿人之能為人由腹有詩書詩書勤乃有不勤腹空虛欲知學之力賢愚同一初由其不能學所入遂異閭兩家各生子提孩巧相如少長聚嬉戲不殊同隊魚年至十二三頭角稍相疏二十漸乖張清溝映污渠三十骨骼成乃一龍一豬飛黃騰踏去不能顧蟾蜍一為馬前卒鞭背生蟲蛆一為公與相潭潭府中居問之何因爾學與不學歟金璧雖重寶費用難貯儲學問藏之身身在則有餘君子與小人不繫父母且不見公與相起身自犁鉏不見三公後寒飢出無驢文章豈不貴經訓乃菑畬潢潦無根源朝滿夕已除人不通古今馬牛而襟裾行身陷不義況望多名譽時秋積雨霽新涼入郊墟燈火稍可親簡編可卷舒豈不旦夕念為爾惜居諸恩義有相奪作詩勸躊躇

劍客

大唐賈島

十年磨一劍
霜刃未曾試
今日把示君
誰有不平事

達夫先生作圖

政經戰

戰

弓 ㄍㄨㄥ　弦 ㄒㄧㄢˊ　引 ㄧㄣˇ　矢 ㄕˇ　畀 ㄅㄧˋ　至 ㄓˋ　入 ㄖㄨˋ

弓弓：以近窮遠　象形　古者揮作弓　周禮六弓　王弓　弧弓以射甲革甚質　夾弓　庾弓以射干侯鳥獸　唐弓　大弓以授學射者　凡弓之屬皆从弓　居戎切

絃弦：弓弦也　从弓　象絲軫之形　凡弦之屬皆从弦　故田切

引引：開弓也　从弓丨　余忍切　扳指

矢矢：弓弩矢也　从入　象鏑栝羽之形　古者夷牟初作矢　凡矢之屬皆从矢　式視切

畀畀：相付與之　約在閣上也　从丌由聲　必至切

至至：鳥飛从高下至地也　从一　一猶地也　象形　不上去而至下來也　凡至之屬皆从至　至古文至　脂利切

人入：内也　象从上俱下也　凡入之屬皆从入　人汁切

刀	ㄉㄠ	兵也 象形
刃	ㄖㄣˋ	刀堅也 象刀有刃之形
亡	ㄨㄤˊ ㄨˊ	逃也 从入从乚
勿	ㄨˋ	州里所建旗 象其柄有三游 雜帛 幅半異 所以趣民 故遽稱勿勿
矛	ㄇㄠˊ	酋矛也 建於兵車 長二丈 象形
盾	ㄉㄨㄣˋ	瞂也 所以扞身蔽目 象形
何	ㄏㄜˊ ㄏㄜ ㄏㄜˋ	儋也 从人可聲 儋何即負何也 借為誰何之何 今俗別作擔荷 非是
戈	ㄍㄜ	平頭戟也 从弋一 橫之 象形

政經戰

戰

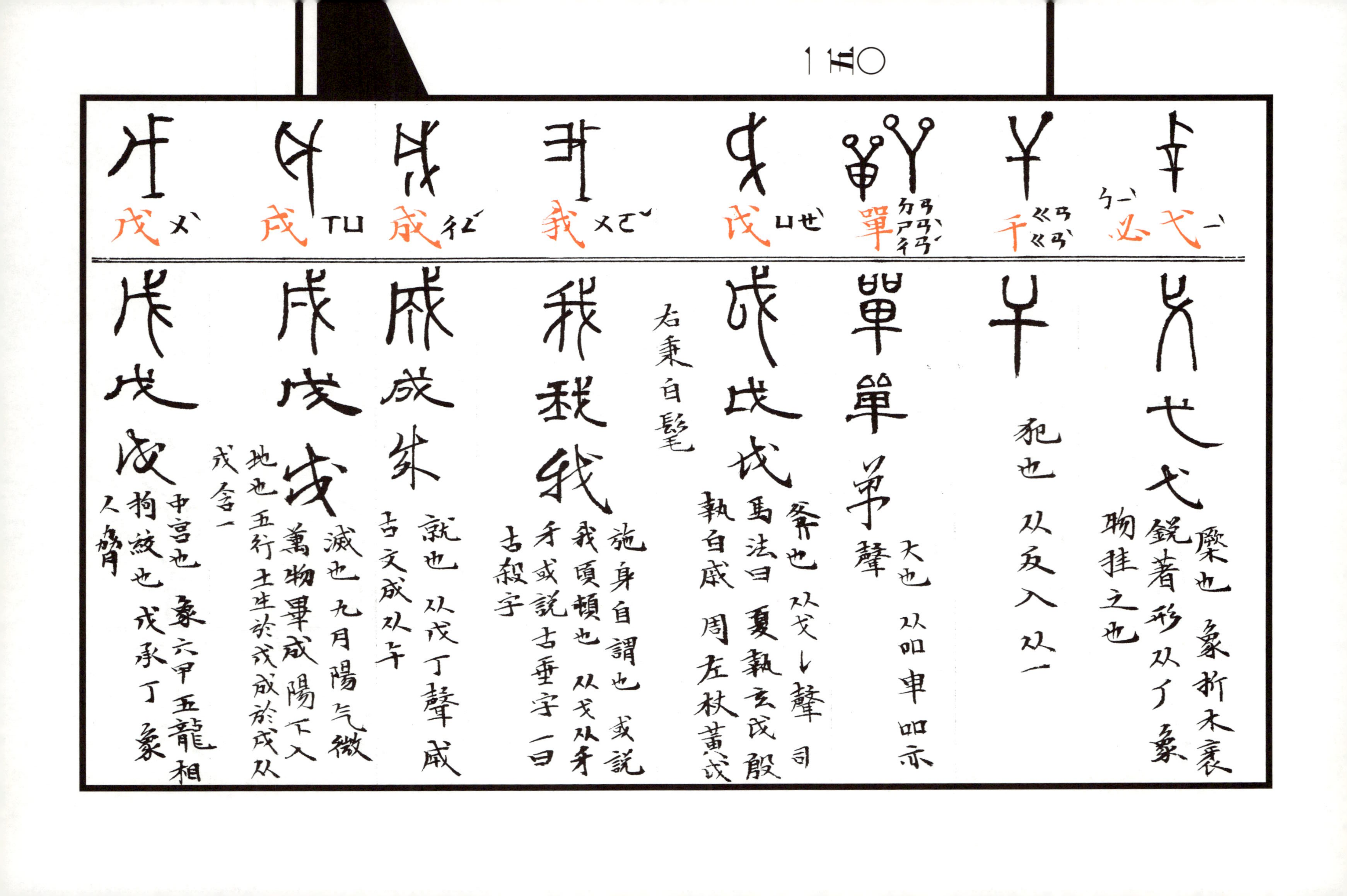

弋 ㄧˋ 必 ㄅㄧˋ

橜也 象折木衺銳著形 从丿象物挂之也

干 ㄍㄢ ㄍㄢˋ

犯也 从反入从一

單 ㄉㄢ ㄕㄢˋ ㄔㄢˊ

大也 从吅甲 吅亦聲

戉 ㄩㄝˋ

斧也 从戈乚聲 司馬法曰 夏執玄戉 殷執白戚 周左杖黃戉 右秉白髦

我 ㄨㄛˇ

施身自謂也 或說我頃頓也 从戈从𢦏 𢦏或說古垂字 一曰古殺字

成 ㄔㄥˊ

就也 从戊丁聲 㦿 古文成从午

戌 ㄒㄩ

滅也 九月陽气微 萬物畢成 陽下入地也 五行土生於戊盛於戌 从戊含一

戊 ㄨˋ

中宮也 象六甲五龍相拘絞也 戊承丁 象人脅

戎 ㄖㄨㄥˊ

兵也 兵者械也月令乃敎於田獵 以習五戎 注 五戎謂五兵弓矢殳矛戈戟也 挍周禮司兵掌五兵

戒 ㄐㄧㄝˋ

警也 从廾持戈以戒不虞

或 ㄏㄨㄛˋ

邦也 从口从戈以守一 一地也 域又从土

戚 ㄑㄧ

戉也 从戉尗聲

武 ㄨˇ

楚莊王曰 夫武定功戢兵 故止戈為武

歲 ㄙㄨㄟˋ

木星也 越歷二十八宿 宣徧陰陽 十二月一次 从步戌聲 律歷書名五星為五步

忒 ㄊㄜˋ ㄊㄨㄟ

更也 从心弋聲

王 ㄨㄤˊ ㄨㄤˋ

天下所歸往也 董仲舒曰古之造文者 三畫而連其中謂之王 三者 天地人也 而參通之者王也 孔子曰 一貫三為王 凡王之屬皆从王

單車欲問邊
屬國過居延
征蓬出漢塞
歸雁入胡天
大漠孤煙直
長河落日圓
蕭關逢候騎
都護在燕然

唐王維詩使至
塞上達夫先生
作圖

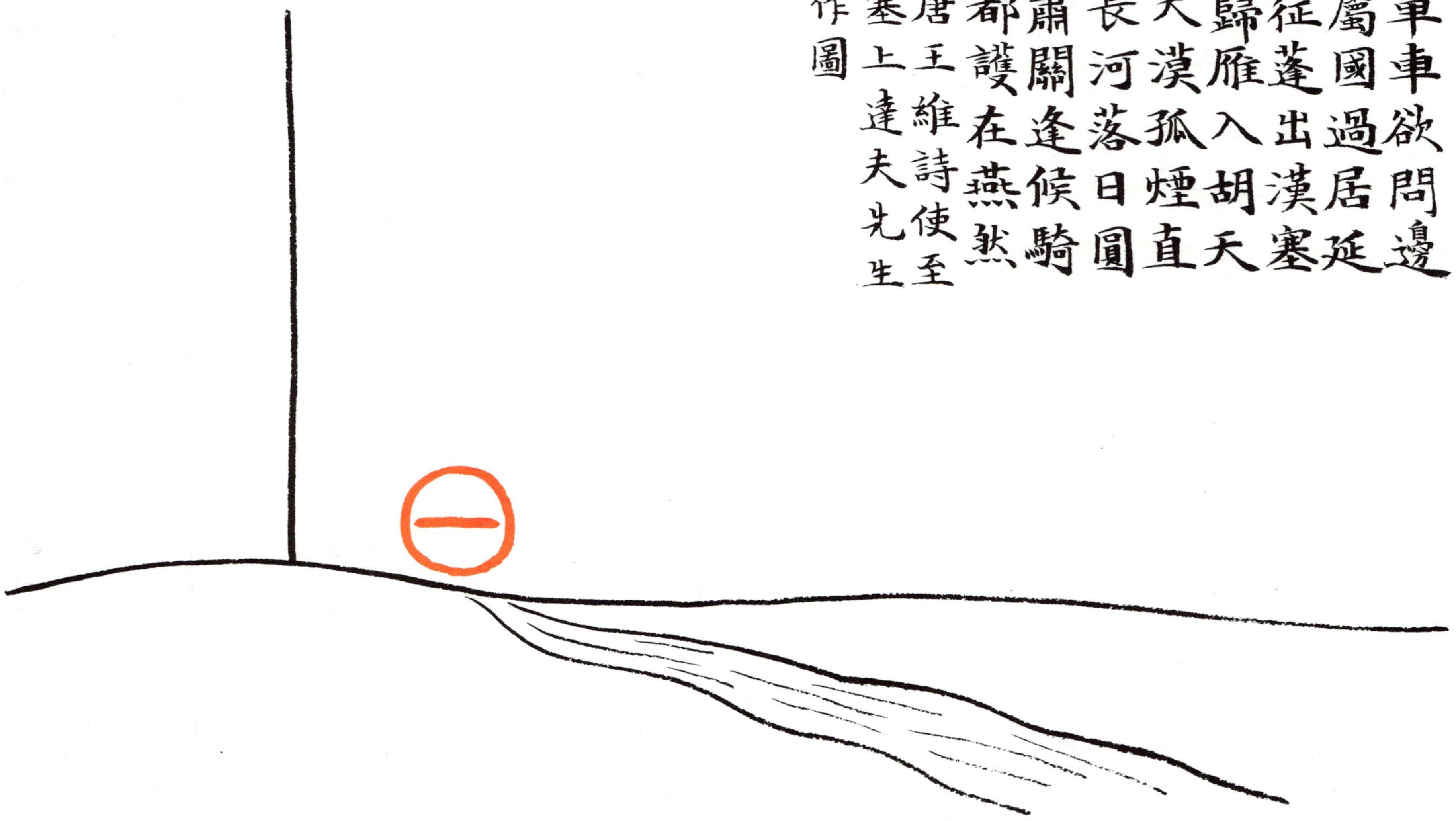

葡萄美酒夜光杯
欲飲琵琶馬上催
醉臥沙場君莫笑
古來征戰幾人回
唐王翰詩涼州詞
二首其一達夫先
生作圖

黃河遠上白雲
間一片孤城萬
仞山羌笛何須
怨楊柳春風不
度玉門關
唐王之渙詩涼
州詞其一達夫
先生作圖

秦時明月漢時關萬里長征人未還
但使龍城飛將在不教胡馬度陰山

唐王昌齡詩出塞其一 達夫先生作圖

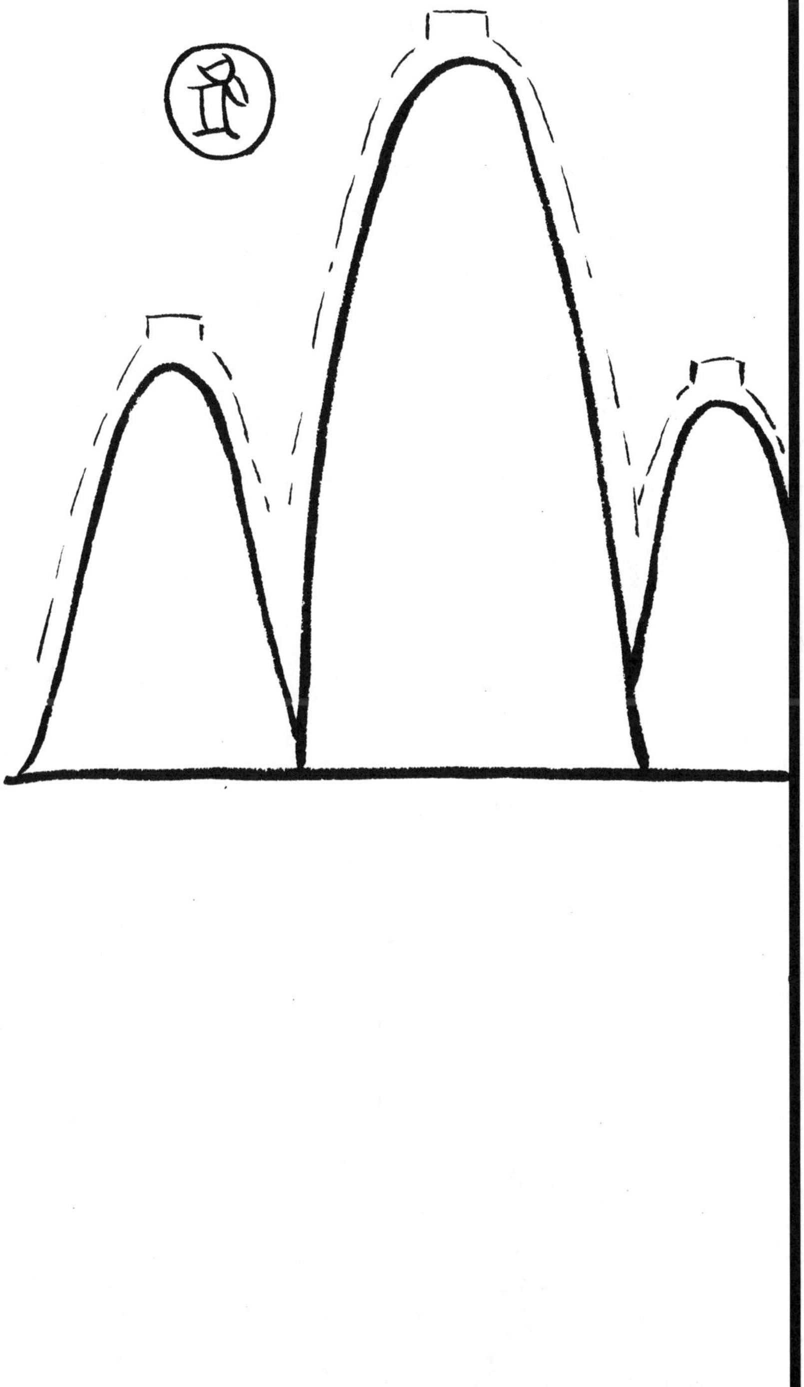

生當作人傑
死亦爲鬼雄
至今思項羽
不肯過江東

宋李清照詩夏日絶句達夫先生作圖

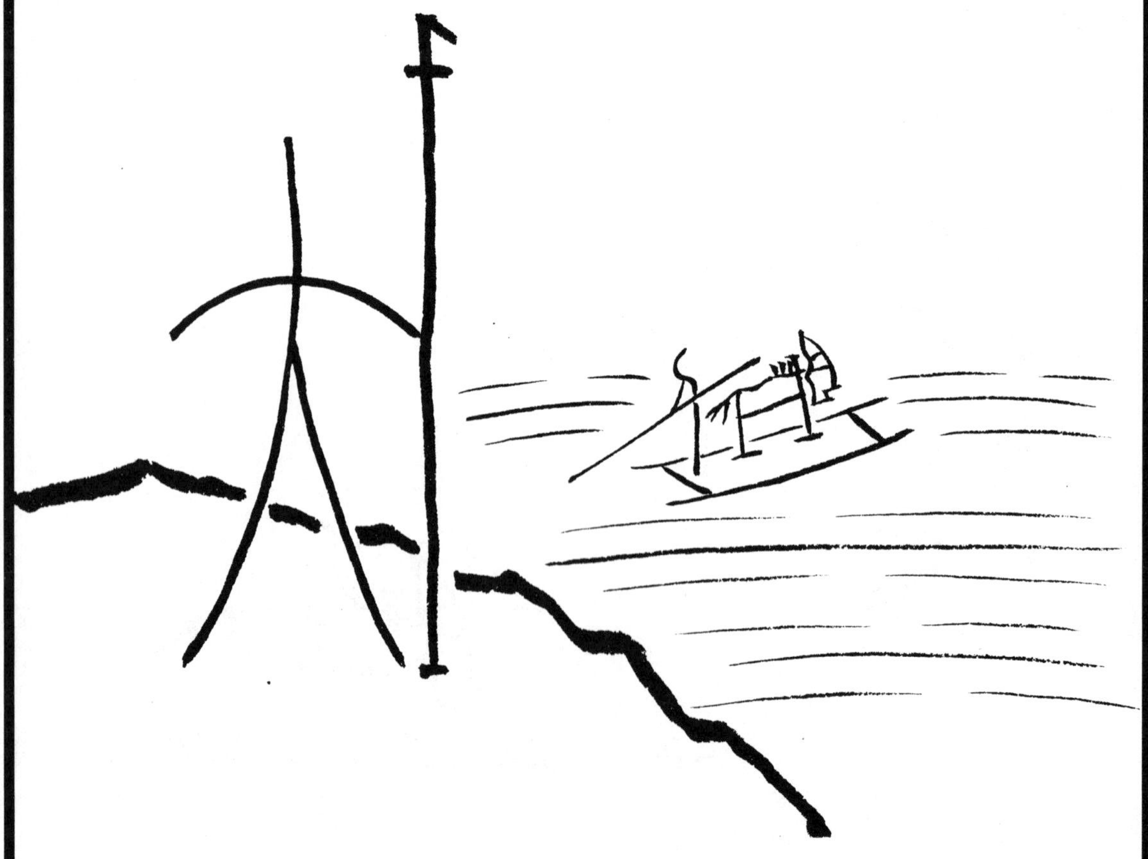

月黑雁飛高
單于夜遁逃
欲將輕騎逐
大雪滿弓刀

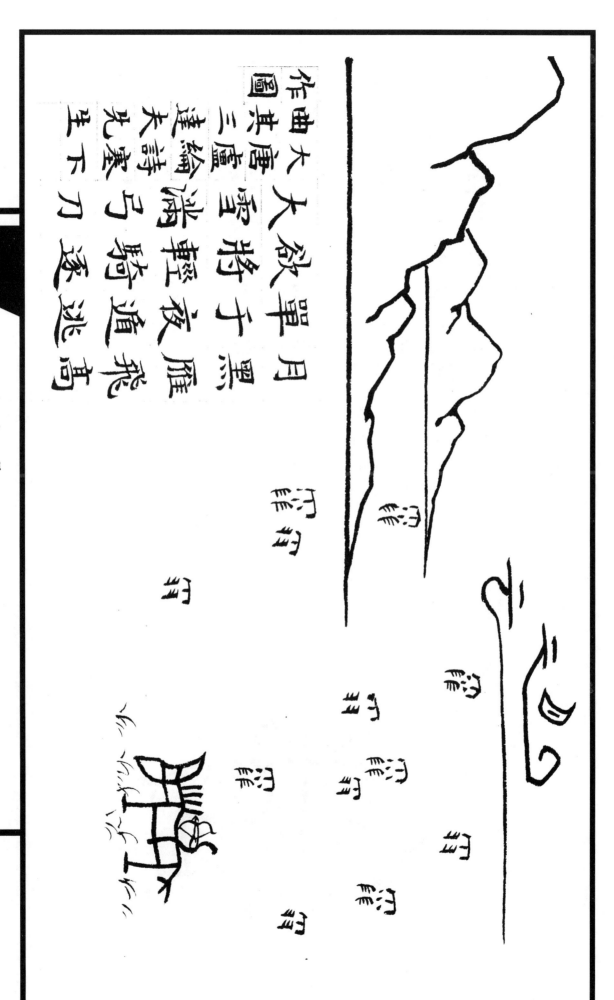

大唐盧綸詩塞下
曲其三逵夫先生
作圖

疾風知勁草
板蕩識誠臣
勇夫安識義
智者必懷仁
大唐李世民詩賜蕭
瑀達夫先生作圖

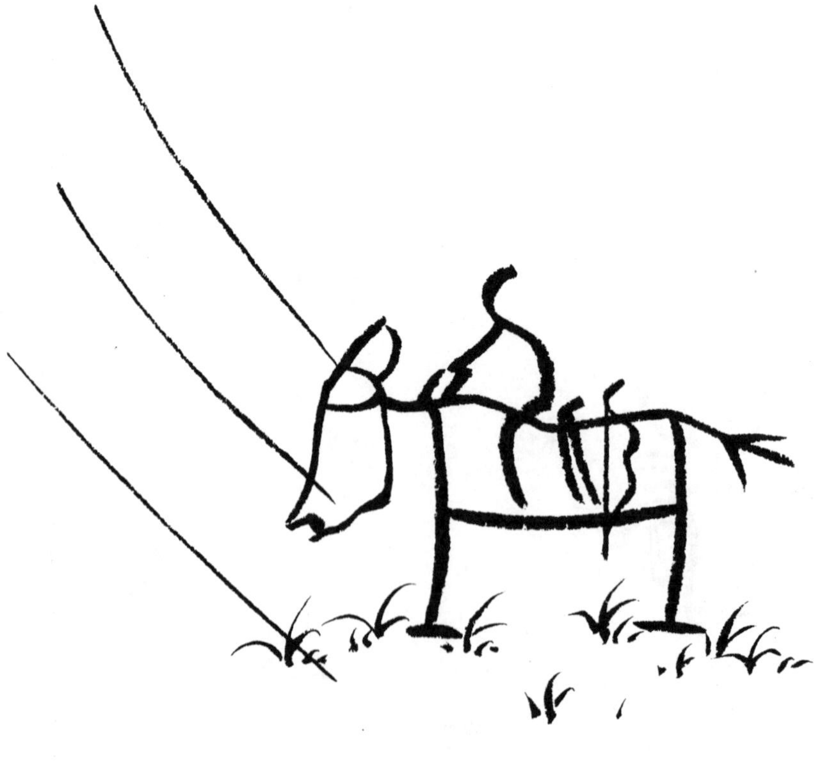

煙籠寒水月籠沙
夜泊秦淮近酒家
商女不知亡國恨
隔江猶唱後庭花
大唐杜牧詩泊秦
淮達夫先生作圖

虞美人

南唐後主李煜

春花秋月何時了
往事知多少
小樓昨夜又東風
故國不堪回首月明中
雕欄玉砌應猶在
只是朱顏改
問君能有幾多愁
恰似一江春水向東流

達夫先生作圖

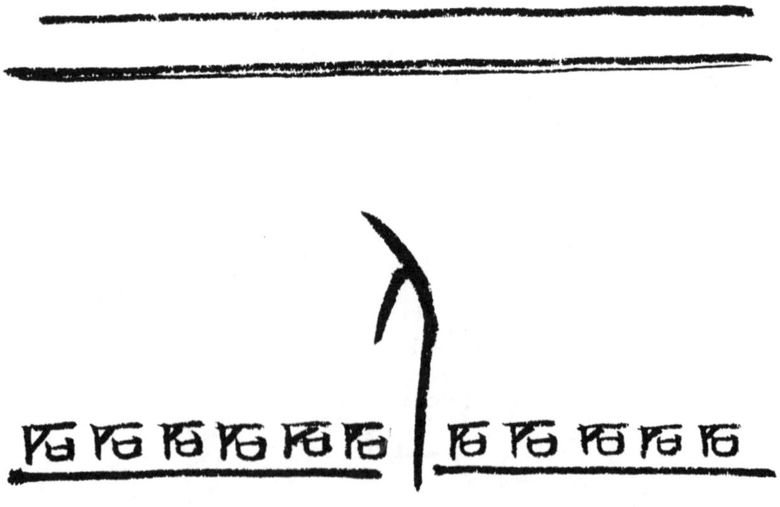

破陣子

為陳同甫賦壯詞以寄之

宋 辛棄疾

醉裏挑燈看劍
夢迴吹角連營
八百里分麾下炙
五十弦翻塞外聲
沙場秋點兵
馬作的盧飛快
弓如霹靂弦驚
了卻君王天下事
贏得生前身後名
可憐白髮生

達夫先生作圖

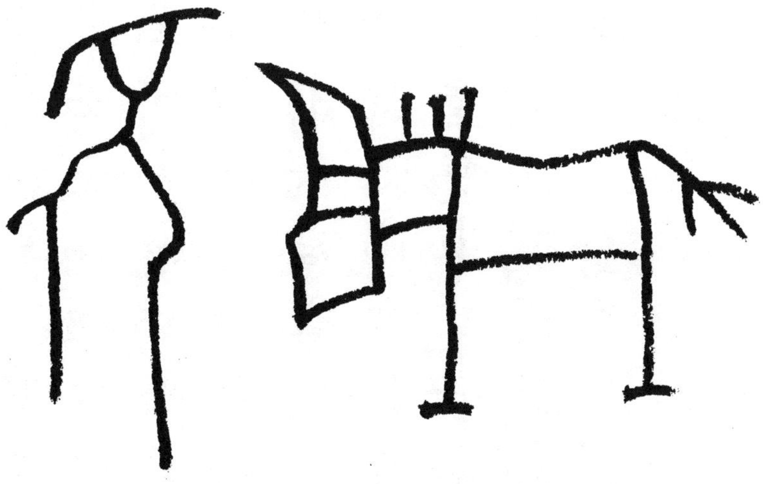

小亂避城 大亂避鄉

勝則殺之 和則求之 敗則退之

馬走日象走田車直路炮翻山老
將光在城裏轉小兵一去不覔還

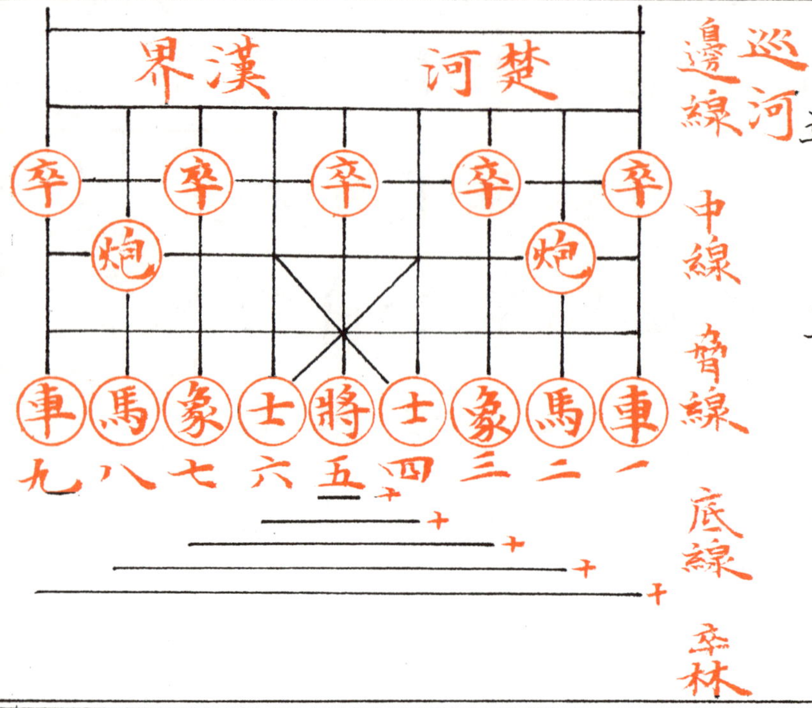

前行 進

後行 退

平行 平

夫弈棋者專心絕慮靜算待敵坦然無喜怒掛懷大抵一局之中千變萬化如車前馬後發炮逐卒如電掣雷轟炮輔卒行逼近士象如狼奔虎跃順手炮先要活車列手炮補士要牢士角炮急使車衝當頭炮橫車將路破象局中心進卒解馬局車炮先行巡河車趕子有功歸心炮破象得瀘軲轆炮抵敵最妙重疊車兊子最宜馬過飛角車便巡河未得路莫離本位已得勢便可爭先鴛鴦馬內顧保塞騎河炮河岸攔車

南宋洪遵

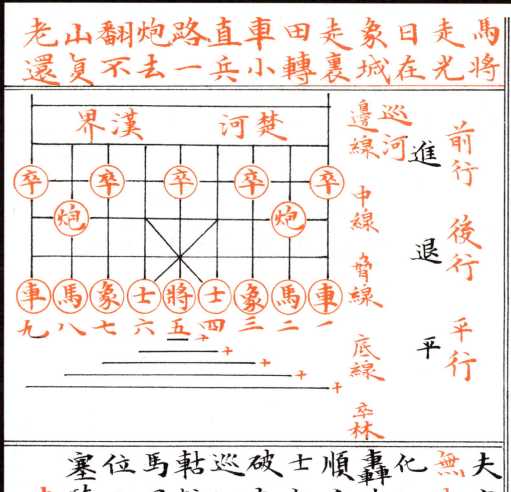

棋經論 節選

言志詩

大明楊繼盛

讀律看書四十年
烏紗頭上有青天
男兒欲畫凌煙閣
第一功名不愛錢

達夫先生作圖

知足

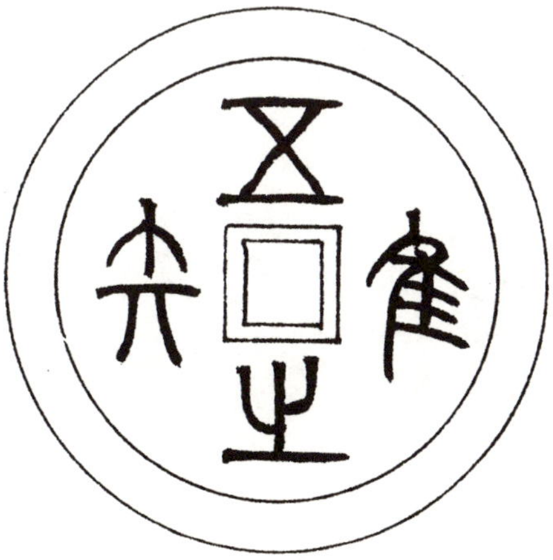

長樂

政經戰

戰

為官不可貪
為商不可姦
要想做善事
手裏先有錢

達夫先生作圖

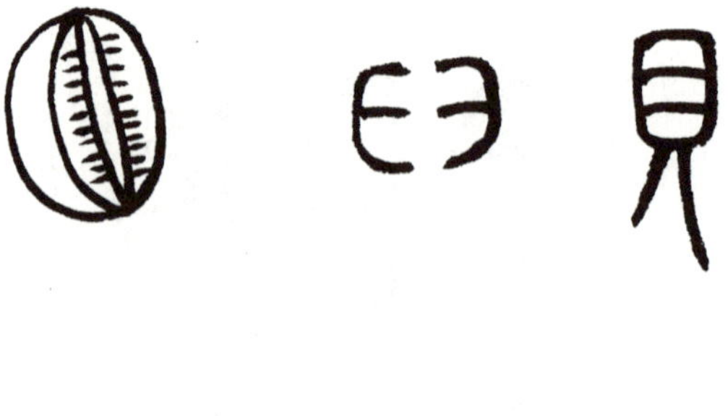

錢本草

唐　張說

錢味甘大熱有毒偏能駐顏采澤流潤善療飢寒解困厄之患立驗能利邦國污賢達畏清廉貪者服之以均平為良如不均平則冷熱相激令人霍亂其藥采無時采之非理則傷神此既流行能召神靈通鬼氣如積而不散則有水火盜賊之災生如散而不積則有飢寒困厄之患至一積一散謂之道不以為珍謂之德取與合宜謂之義無求非分謂之禮博施濟衆謂之仁出不失期謂之信入不妨己謂之智以此七術精煉方可久而服之令人長壽若服之非理則弱志傷神切須忌之

達夫先生作圖

不足歌

大明　朱載育

終日奔波衹為飢，方纔一飽便思衣。
衣食兩般皆俱足，又思嬌娥美貌妻。
娶得美妻生下子，恨無田地少根基。
良田置的多廣闊，出門又嫌少馬騎。
槽頭扣了騾和馬，恐無官職被人欺。
七品縣官還嫌小，又想朝中挂紫衣。
一品當朝為宰相，還想山河奪帝基。
心滿意足為天子，又想長生不老期。
一旦求得長生藥，再跟上帝論高低。
不足不足不知足，人生人生奈若何。
若要世人心滿足，除非南柯一夢兮。

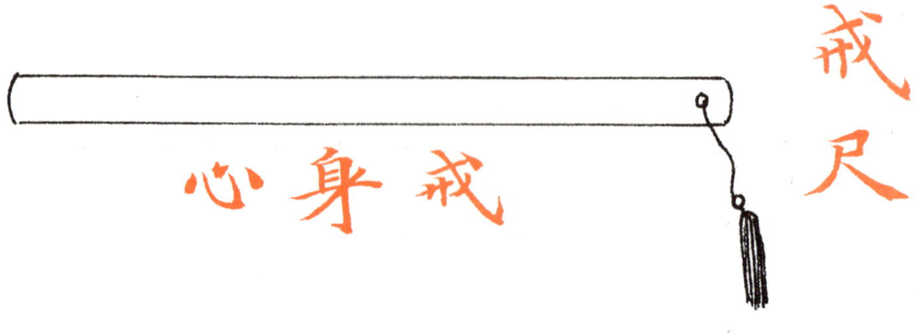

盛世藏寶 亂世藏金 皆不如育人

財也大産也大後來子孫禍也大若問此
理是若何子孫錢多膽也大天樣大事都
不怕不喪身家不肯罷

財也小産也小後來子孫禍也小若問此
理是若何子孫錢少膽也小些微産業知
自保儉使儉用也過了

大清醇親王愛新覺羅
奕譞作

無尖不商

仁義誠信律己身
將才雅姿精詩文
心裏存田兒孫種
世事艱難讓三分
胸盛四海買賣事
取之有道賺金銀
積金積銀書教子
寬天寬地厚待人

無姦不商

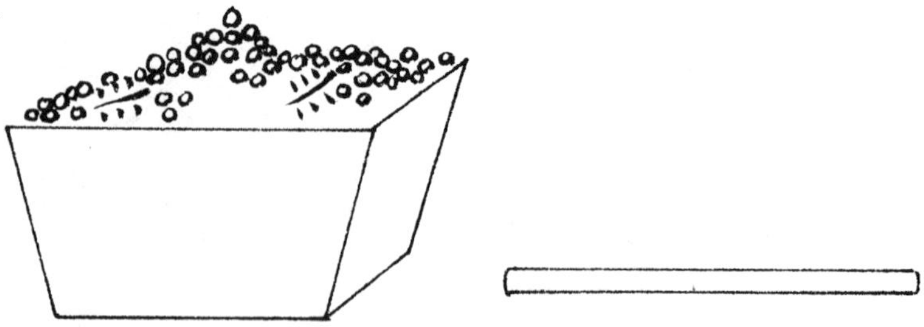

文化

文	ㄨㄣˊ	錯畫也 象交文
大	ㄉㄚˋ ㄉㄞˋ ㄊㄞˋ	天大地大人亦大故大象人形
小		物之微也 从八丨見而分之
少	ㄕㄠˇ ㄕㄠˋ	不多也 从小丿聲
上	ㄕㄤˋ ㄕㄤˇ	高也 此古文上 指事也
下	ㄒㄧㄚˋ	底也 指事 下 篆文下
左	ㄗㄨㄛˇ	手相左助也 从𠂇工
右	ㄧㄡˋ	助也 从口从又 徐鍇曰 言不足以左 復手助之 手口相助也 从又从口
東	ㄉㄨㄥ	動也 从木 官溥說 从日在木中

西 ㄒㄧ
鳥在巢上象形 日在西方而鳥棲 故因以為東西之西

南 ㄋㄢˊ ㄋㄚ
艸木至南方 有枝任也 从𣎵羊聲

北 ㄅㄟˇ ㄅㄛˋ
菲也 从二人相背

中 ㄓㄨㄥ ㄓㄨㄥˋ
內也 和也 从口丨上下通

冊 ㄘㄜˋ
符命也 諸侯進受於王也 象其札一長一短 中有二編之形

古 ㄍㄨˇ
故也 从十口 識前言者也 十口所傳是前言也

礻 示 ㄕˋ
天垂象 見吉凶 所以示人也 从二 三垂 日月星也 觀乎天文 以察時變 示神事也

鬯 ㄔㄤˋ
以秬釀鬱艸 芬芳攸服 以降神明 从凵 凵器也 中象米 匕所以扱之 易曰 不喪匕鬯

鬼 ㄍㄨㄟˇ
人所歸為鬼 从人 象鬼頭 鬼陰气賊害 从厶

巫 ㄨ
祝也 女能事無形以舞降神者也 象人兩褎舞形 與工同意 古者巫咸初作巫

喜 ㄒㄧˇ
樂也 从壴从口

鼓 壴 ㄓㄨˋ
陳樂立而上見也 从屮从豆

琴 ㄑㄧㄣˊ
禁也 神農所作 洞越 練朱五弦 周加二弦 象形 凡琴之屬皆从琴 鑋 古文琴从金 巨今切

珏 ㄐㄩㄝˊ
二玉相合為一珏

龠 ㄩㄝˋ
樂之竹管 三孔 以和眾聲也 从品侖 侖 理也

卜 ㄅㄨˇ ㄅㄛ
灼剥龜也 象灸龜之形 一曰象龜兆之從橫也

占 ㄓㄢ ㄓㄢˋ

視兆問也 从卜从口

兆 ㄓㄠˋ

灼龜坼也 从卜兆 象形

貞 ㄓㄣ

卜問也 从卜貝以為贄 一曰鼎省聲

員 ㄩㄢˊ ㄩㄣˊ ㄩㄣˋ

物數也 从貝口聲 木曰枚 竹曰箇 絲曰總 貝曰員

爻 ㄧㄠˊ

交也 象易六爻頭交也

兮 ㄒㄧ

語所稽也 从丂八象气越亏也

乎 ㄏㄨ

語之餘也 从兮象聲上越揚之形也

于 ㄩˊ

於也 象气之舒亏 从丂从一 一者其气平之也 羽俱切

八荒六合四海天南地北

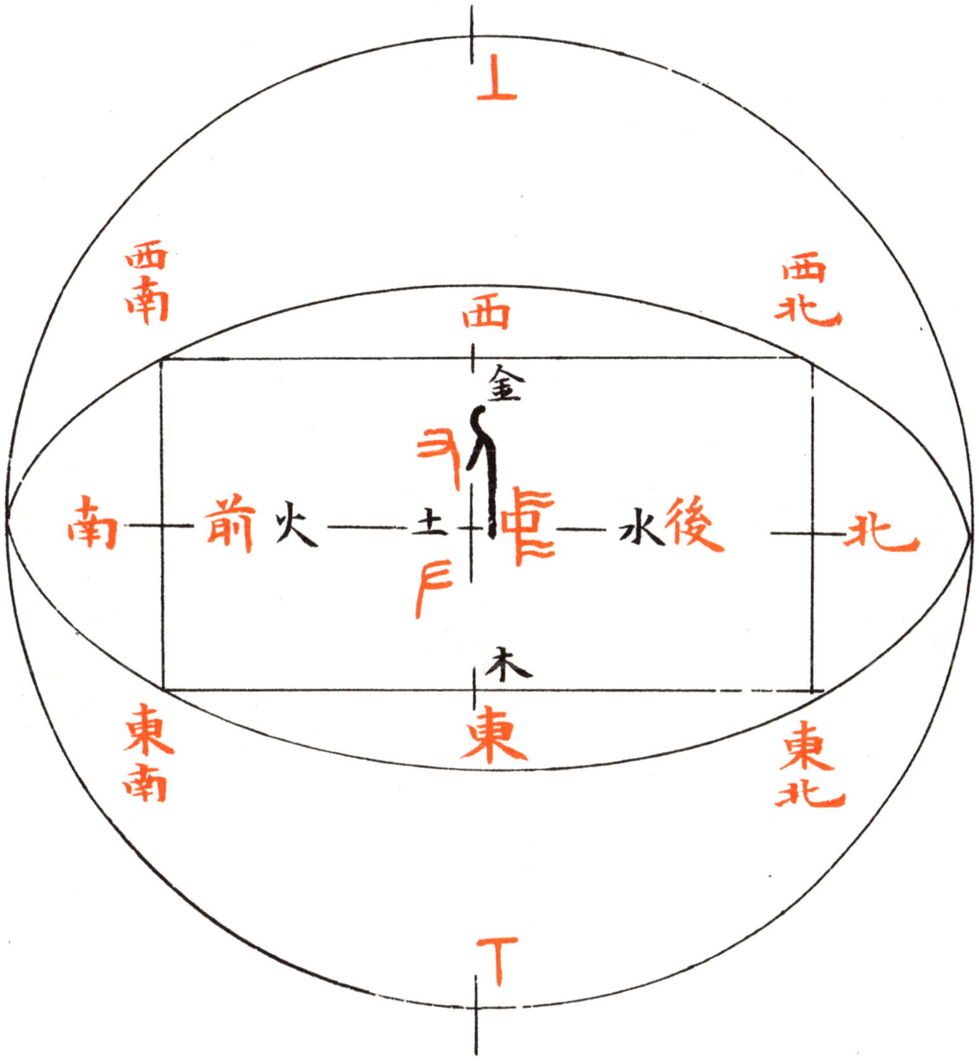

前	左	上	六
後	右	下	合

四巽	九離	二坤	九
三震	五中宫	七兑	宫
八艮	一坎	六乾	

八荒

東南	南	西南
東	中	西
東北	北	西北

江南可采蓮=葉何田=
魚戲蓮葉間魚戲蓮葉東
魚戲蓮葉西魚戲蓮葉南
魚戲蓮葉北
漢樂府詩江南達夫先生作圖

泠泠七弦上
靜聽松風寒
古調雖自愛
今人多不彈
唐劉長卿詩
聽彈琴達夫
先生作圖

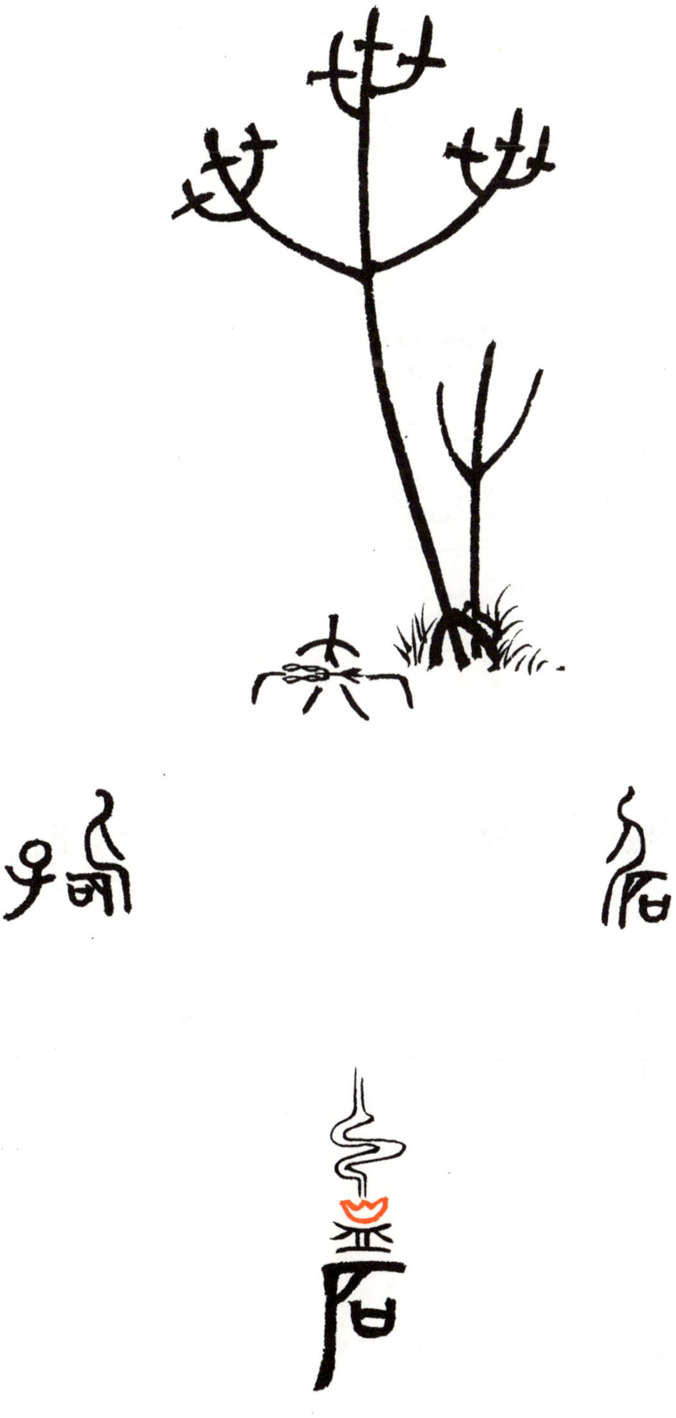

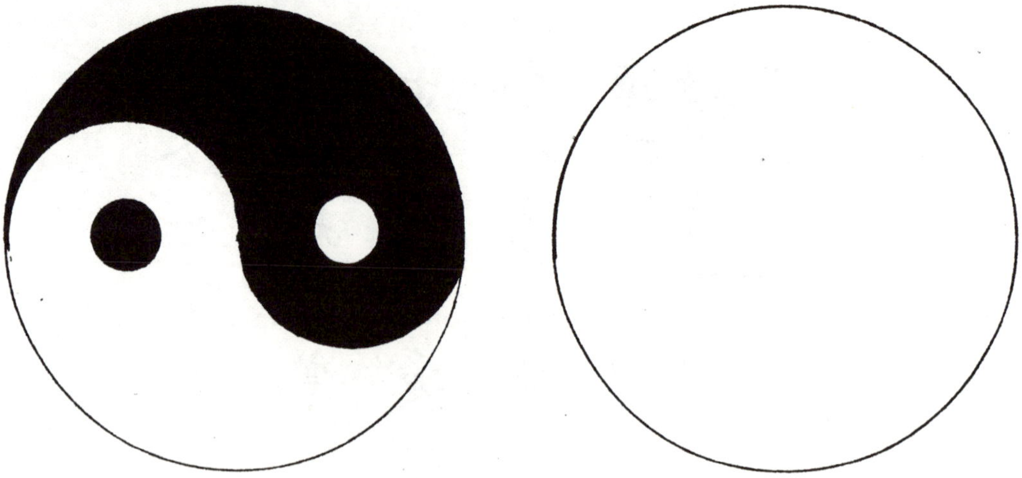

無極

太極

陽 ⚊　　陰 ⚋

太陽 ⚌　少陽 ⚍　少陰 ⚎　太陰 ⚏

☰ ☱ ☲ ☳ ☴ ☵ ☶ ☷

乾天兌澤離火震雷巽風坎水艮山坤地

無極生太極
無名天地之始

太極生兩儀
有名萬物之母
一維

兩儀生四象
二維

四象生八卦
三維

天	地	雷	山	火	水	澤	風
乾	坤	震	艮	離	坎	兌	巽
三	六	仰	覆	中	中	中	下
連	斷	盂	碗	虛	滿	缺	斷

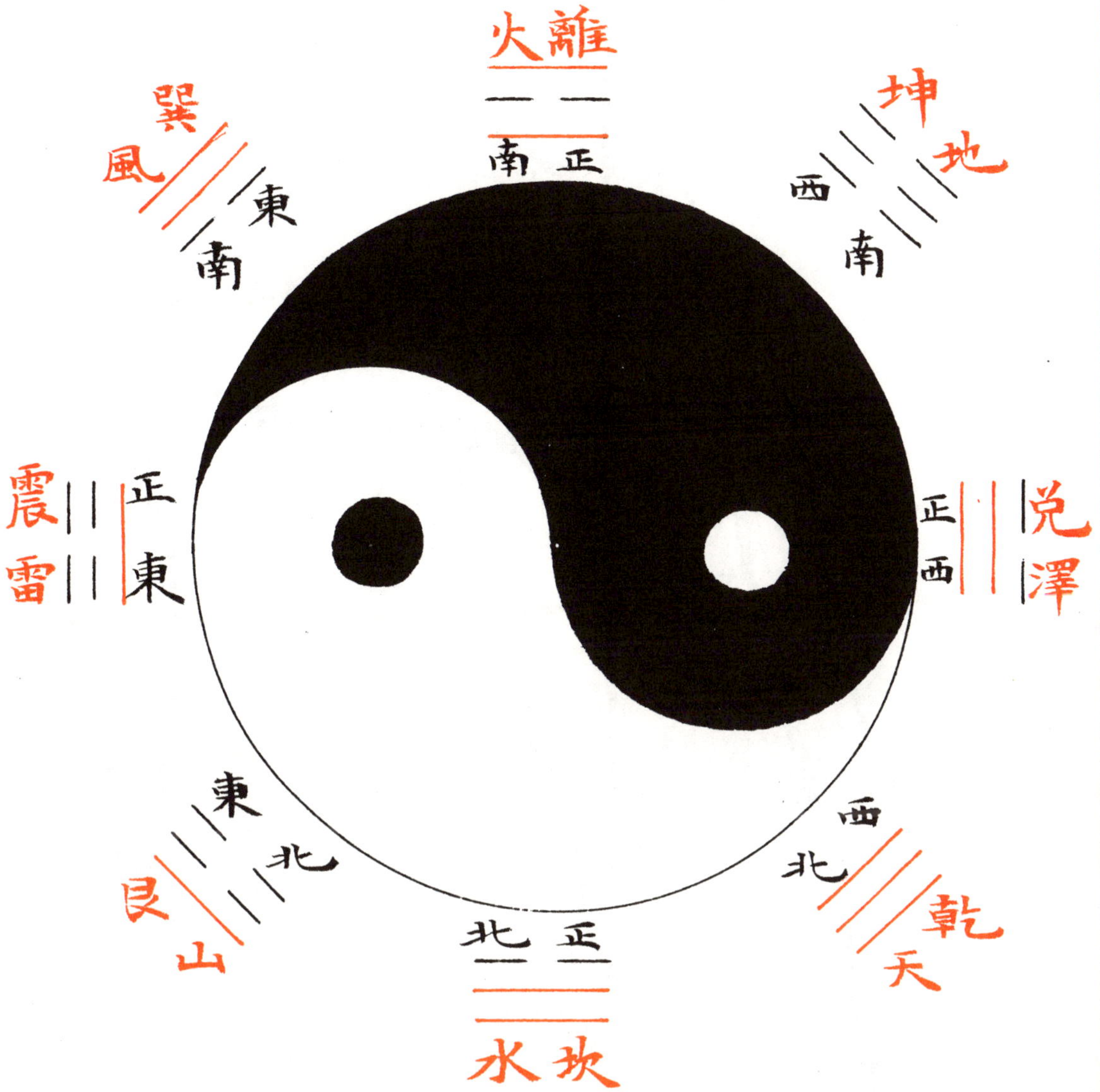

四象	太陽	少陽	太陰	少陰
數四象	九	七	八	六
方位四象	東	西	南	北
季節四象	春	夏	秋	冬
人名四象	孟章	執名	監兵	陵光
天域四象	青龍	朱雀	白虎	玄武

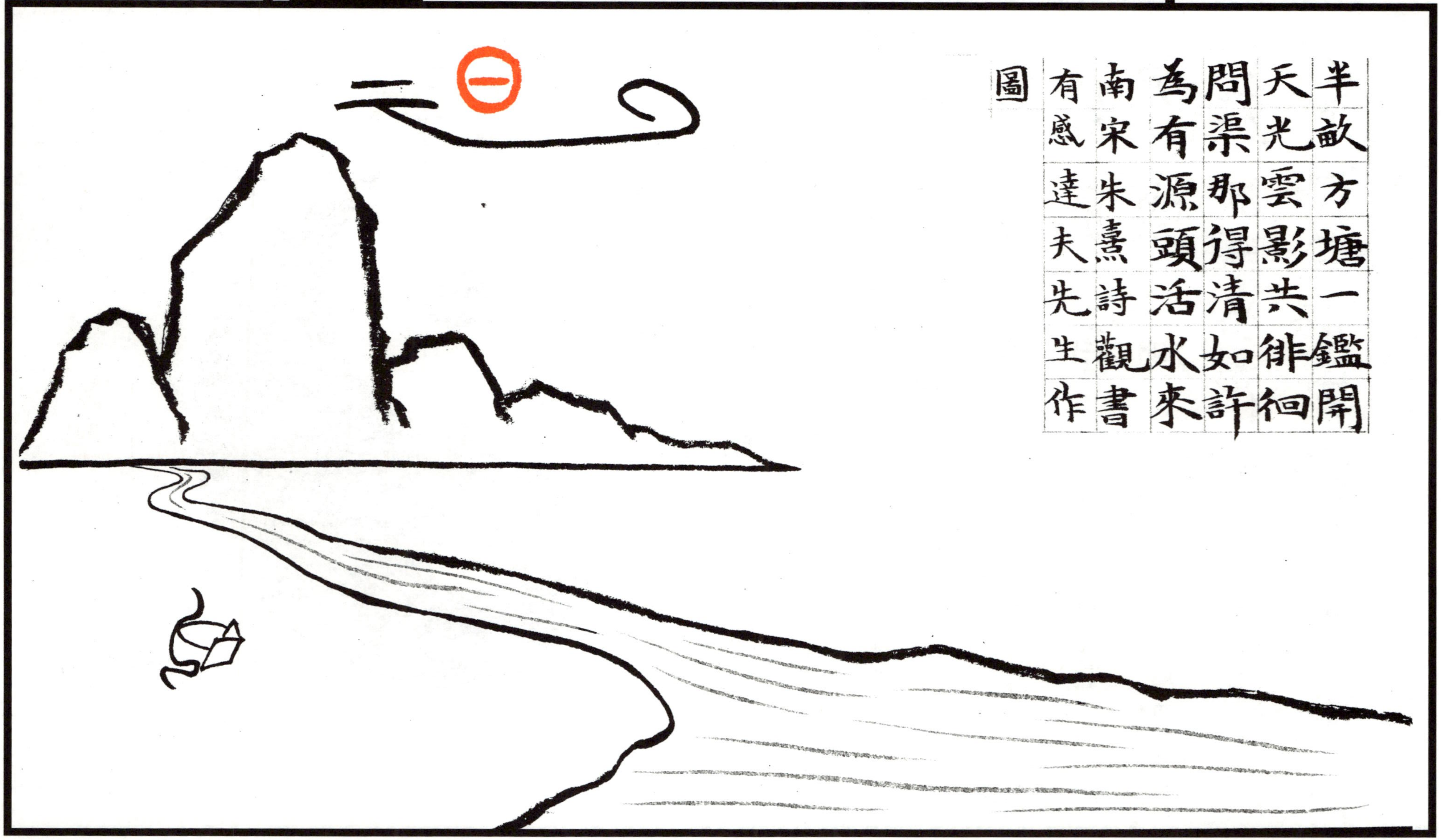
半畝方塘一鑑開
天光雲影共徘徊
問渠那得清如許
為有源頭活水來
南宋朱熹詩觀書
有感達夫先生作
圖

神童詩

宋 汪洙 節選

天子重英豪文章教爾曹萬般皆下品
惟有讀書高少小須勤學文章可立身
滿朝朱紫貴盡是讀書人學問勤中得
螢窗萬卷書三冬今足用誰笑腹空虛
自小多才學平生志氣高別人懷寶劍
我有筆如刀朝為田舍郎暮登天子堂
將相本無種男兒當自強學乃身之寶
儒為席上珍君看為宰相必用讀書人
莫道儒冠誤詩書不負人達而相天下
窮則善其身遺子滿贏金何如教一經
姓名書錦軸朱紫佐朝廷古有千文義
須知學後通聖賢俱間出以此發蒙童

達夫先生作圖

斌

甲 ㄐㄧㄚˇ　乙 ㄧˇ　丙 ㄅㄧㄥˇ　丁 ㄉㄧㄥ ㄓㄥ　戊 ㄨˋ　己 ㄐㄧˇ　庚 ㄍㄥ

甲

東方之孟陽气萌動 从木戴孚甲之象 一曰人頭宜爲甲 甲象人頭 凡甲之屬皆从甲 命 古文甲 始於十見於千成於木

乙

象春艸木冤曲而出陰气尚彊 其出乙乙也 與丨同意 乙承甲 象人頸 凡乙之屬皆从乙 於筆切

丙

位南方 萬物成炳然 陰气初起 陽气將虧 从一入冂 一者陽也 丙承乙 象人肩 凡丙之屬皆从丙 兵永切

丁

夏時萬物皆丁實 象形 丁承丙 象人心 凡丁之屬皆从丁 當經切

戊

中宮也 象六甲五龍相拘絞也 戊承丁 象人脅 凡戊之屬皆从戊 莫候切

己

中宮也 象萬物辟藏詘形也 己承戊 象人腹 凡己之屬皆从己 己 古文己

庚

位西方 象秋時萬物庚庚有實也 庚承己 象人齎 凡庚之屬皆从庚 古行切

辛 ㄒㄧㄣ

秋時萬物成而孰 金剛 味辛 辛痛即泣出 从一从䇂 䇂 辠也 辛承庚 象人股

壬 ㄖㄣˊ

位北方也 陰極陽生 故易曰 龍戰于野 戰者 接也 象人褢妊之形 承亥壬以子 生之敘也 壬承辛 象人脛 脛任體也 與巫同意

癸 ㄍㄨㄟˇ

冬時 水土平 可揆度也 象水從四方流入地中之形 癸承壬 象人足

天干其他釋義 商

甲

草木破鋩甲而發

盾牌頭盔亦或鋩甲

枝葉萌芽柔曲

甲部族

乙

捕獵套索 一也

乙部族

丙

炳也 萬物得光明

鑽木取火木板之形

丙部族

丁

草木成長丁壯又似人成丁

銅錠之形

丁部族

戊

茂也 萬物茂盛繁榮

戰斧之形

戊部族

己

起也 萬物生起欣〻向榮

結繩編扎

己部族

庚

更也 時間更替秋收畢以待春

弓鑽穿孔

庚部族

辛

新也 萬物肅煞秀實新成

凿子之形

辛部族

壬

妊也 陽气潛伏萬物懷妊

骨針之形

壬部族

癸

揆也 萬物潛藏地下

絞繩紡專

癸部族

文化

地支

子 ㄗˇ

十一月陽气動萬物滋人以為偁象形

丑 ㄔㄡˇ

紐也十二月萬物動用事象手之形時加丑亦舉手時也

寅 ㄧㄣˊ

髕也正月陽气動去黃泉欲上出陰尚彊象宀不達髕寅於下也

卯 ㄇㄠˇ

冒也二月萬物冒地而出象開門之形故二月為天門

辰 ㄔㄣˊ

震也三月陽气動靁電振民農時也物皆生从乙匕象芒達厂聲也辰房星天時也从二二古文上字

巳 ㄙˋ

巳也四月陽气巳出陰气巳藏萬物見成文章故巳為蛇象形

午 ㄨˇ

午 午

啎也 五月陰气午逆陽冒地而出 此予矢同意

未 ㄨㄟˋ

未 未

味也 六月滋味也 五行木老於未 象木重枝葉也

申 ㄕㄣ

申 申

神也 七月陰气成體自申束 从臼自持也 吏臣餔時聽事申旦政也

酉 ㄧㄡˇ

酉

就也 八月黍成 可為酎酒 象古文酉之形

戌 ㄒㄩ

戌 戌

滅也 九月陽气微萬物畢成陽下入地也 五行土生於戊盛於戌 从戊含一

亥 ㄏㄞˋ

亥

荄也 十月微陽起接盛陰 从二 二古文上字 一人男 一人女也 从乙 象褢子咳咳之形 春秋傳曰 亥有二首六身 古文亥為豕 與豕同 亥而生子 復從一起

地支其他釋義（天文方位 天南地北）	子	丑	寅	卯	辰	巳	午	未	申	酉	戌	亥
	孳也 有子	紐也 子手	演也 生子	冒也 母子	伸也 刀斬	已也 嬰兒	仵也 臍帶	昧也 幼兒	身也 生女	就也 酒也	滅也 有武	核也 孩也
	陽气萌發始孳生 有孕欲生	草木屈伸破土 新子手或接生之手	萬物始生長 羊水破始胎盤出結束	萬物破土冒出 生完子母子兮離 卯巢	萬物抽條得以舒伸 斷臍帶 人已起星未退	萬物已成 子在襁褓中	萬物盛極 陰陽相交 收臍帶待脫落	日中則昃 陽气始退 象嬰幼蹬踏揮舞	萬物初有形體 以示有女嬰	萬物已成熟 祝生女 生=不息	萬物滅盡 祝生男 保家衛國	萬物收藏成核以待子也 以示有男孩

文化

天干陰陽五行

東方甲乙木　甲陽木乙陰木
應四時之春

南方丙丁火　丙陽火丁陰火
應四時之夏

中央戊己土　戊陽土己陰土
應四時之長夏

西方庚辛金　庚陽金辛陰金
應四時之秋

北方壬癸水　壬陽水癸陰水
應四時之冬

地支陰陽五行

東方寅卯木　寅陽木卯陰木
應春季正月二月

南方巳午火　午陽火巳陰火
應夏季四月五月

西方申酉金　申陽金酉陰金
應秋季七月八月

北方亥子水　子陽水亥陰水
應冬季十月冬月（十一月為冬月）

中央辰戌丑未土　辰戌陽土
丑未陰土　應四季季末月之土

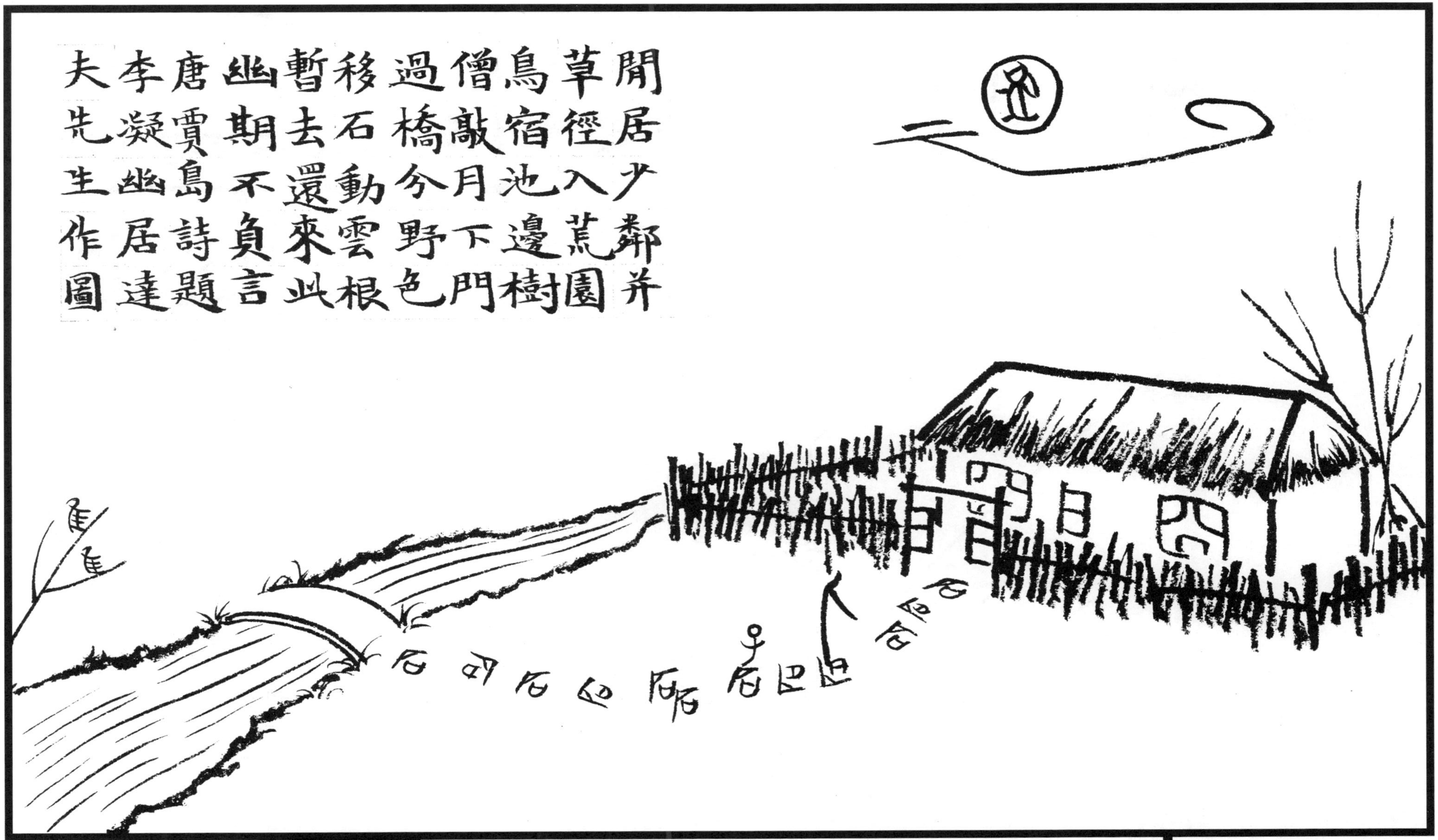
閒居少鄰并
草徑入荒園
鳥宿池邊樹
僧敲月下門
過橋分野色
移石動雲根
暫去還來此
幽期不負言
唐賈島詩題
李凝幽居達
夫先生作圖

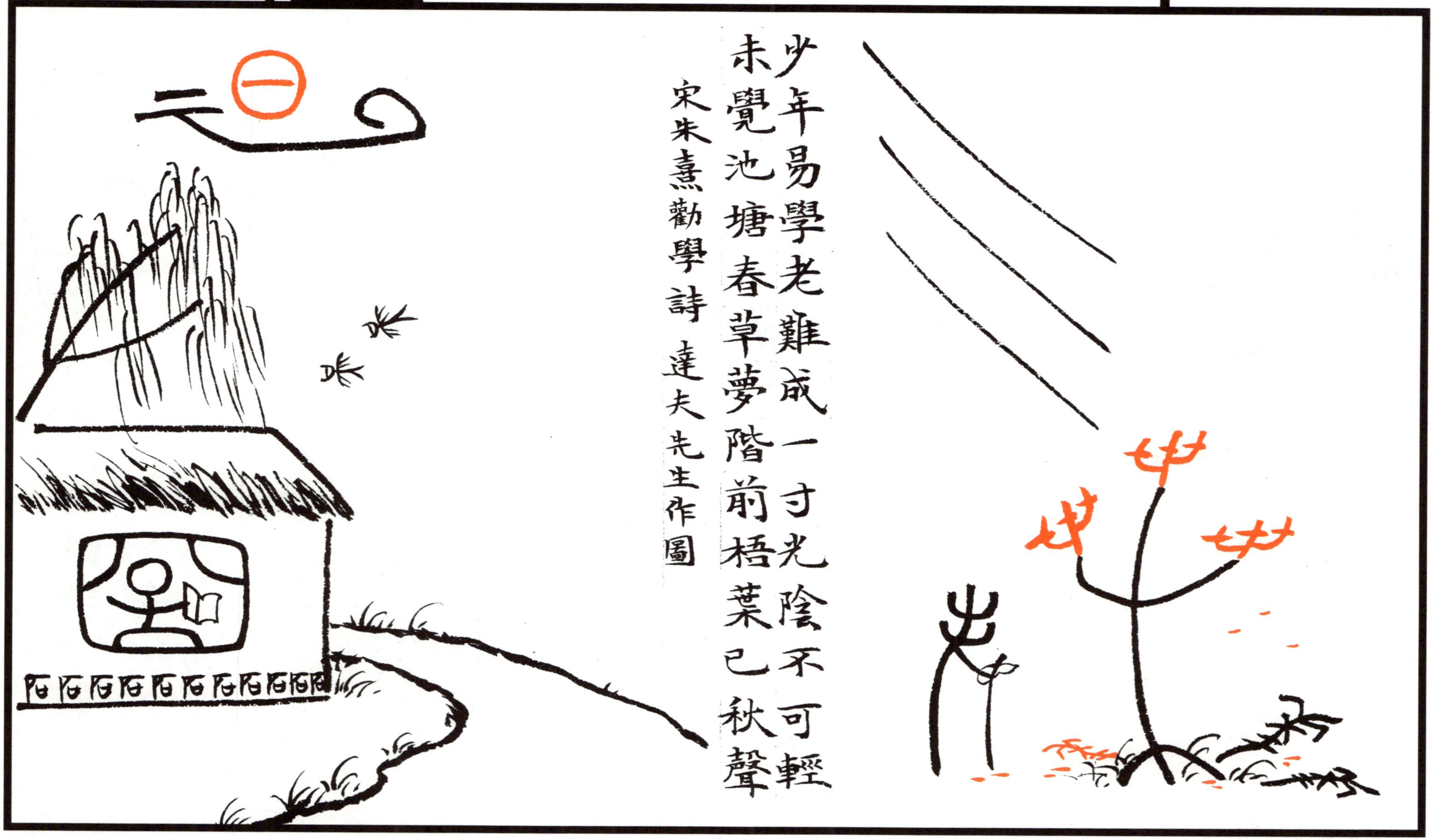
少年易學老難成一寸光陰不可輕
未覺池塘春草夢階前梧葉已秋聲
宋朱熹勸學詩 達夫先生作圖

古人學問無遺力
少壯工夫老始成
紙上得來終覺淺
絶知此事要躬行

宋陸游詩冬夜讀書示子聿
達夫先生作圖

勸君莫惜金縷衣勸君惜取少年時
花開堪折直須折莫待無華花空折枝
唐杜秋娘詩金縷衣達夫先生作圖

三更燈火五更鷄
正是男兒讀書時
黑髮不知勤學早
白首方悔讀書遲

唐顏真卿詩勸學達夫
先生作圖

讀書

宋陸九淵

讀書切戒在慌忙
涵泳工夫興味長
未曉不妨權放過
切身須要急思量

達夫先生作圖

咬定青山不放鬆立根原在破岩中千磨萬擊還堅
勁任爾東西南北風

大清鄭燮 詩竹石 達夫先生作圖

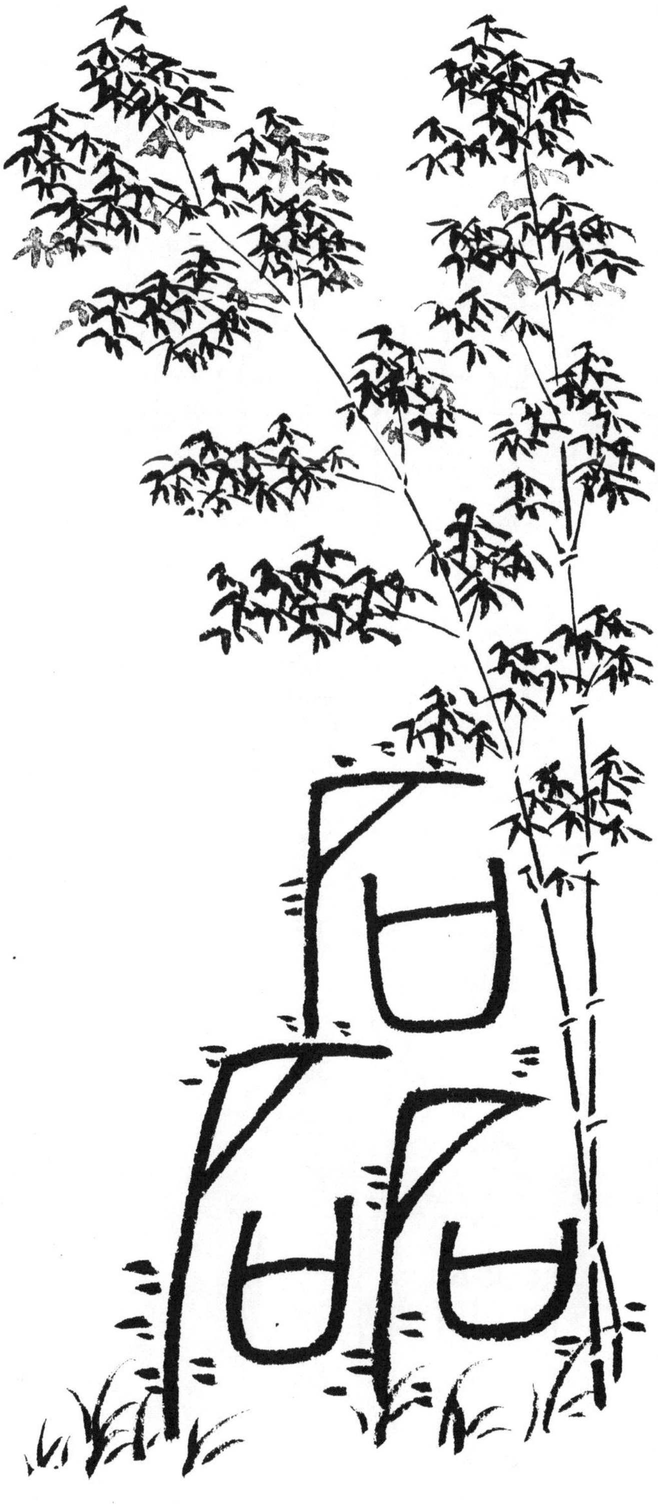

六十甲子

陽陰分數

陽	數	配	陽	數
陰	數	配	陰	數

甲	乙	丙	丁	戊	己	庚	辛	壬	癸		
子	丑	寅	卯	辰	巳	午	未	申	酉	戌	亥

壬	工

骨腿　生育　針

壬	𡈼

望　朢

六丁	陰神玉女	丁卯 丁巳 丁未	丁酉 丁亥 丁丑
六甲	陽神玉男	甲子 甲戌 甲申	甲午 甲辰 甲寅

六十甲子

甲	乙	丙	丁	戊	己	庚	辛	壬	癸

子	丑	寅	卯	辰	巳	午	未	申	酉	戌	亥

甲子	乙丑	丙寅	丁卯	戊辰	己巳	庚午	辛未	壬申	癸酉
甲戌	乙亥	丙子	丁丑	戊寅	己卯	庚辰	辛巳	壬午	癸未
甲申	乙酉	丙戌	丁亥	戊子	己丑	庚寅	辛卯	壬辰	癸巳
甲午	乙未	丙申	丁酉	戊戌	己亥	庚子	辛丑	壬寅	癸卯
甲辰	乙巳	丙午	丁未	戊申	己酉	庚戌	辛亥	壬子	癸丑
甲寅	乙卯	丙辰	丁巳	戊午	己未	庚申	辛酉	壬戌	癸亥

九州生氣恃風雷萬馬齊瘖究可哀我勸天公
重抖擻不拘一格降人材

大清龔自珍己亥雜詩其一二五 達夫先生作圖

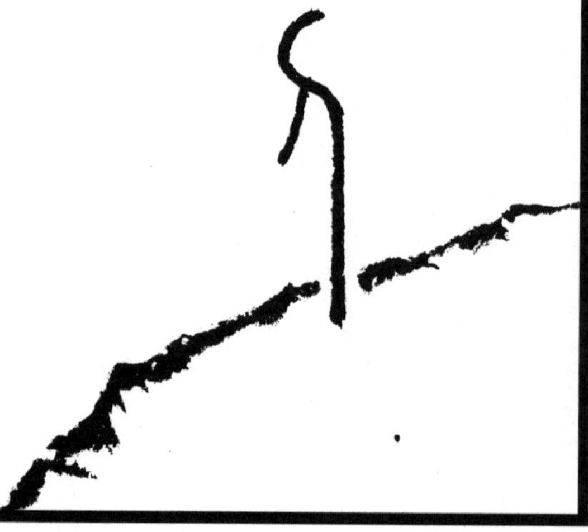

浩蕩離愁白日斜
吟鞭東指即天涯
落紅不是無情物
化作春泥更護花

大清龔自珍詩己亥雜詩其五達夫先生作圖

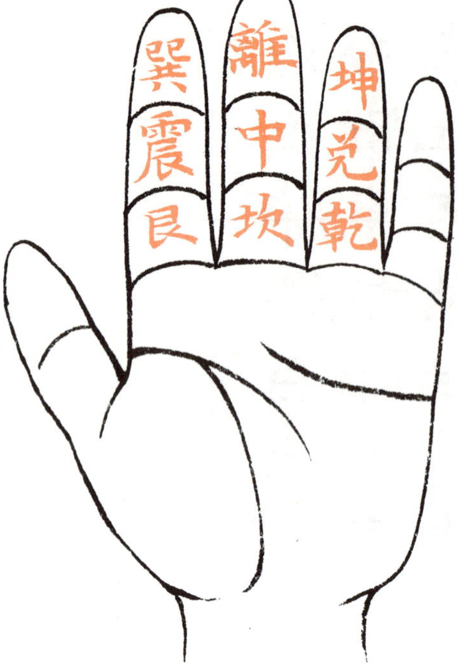

東南 巽四 風	南 離九 火	西南 坤二 地
東 震三 雷	中五	西 兌七 澤
東北 艮八 山	北 坎一 水	西北 乾六 天

一數坎來二數坤震三巽四是中分
五數中宮乾是六兌七艮八九離門

地支

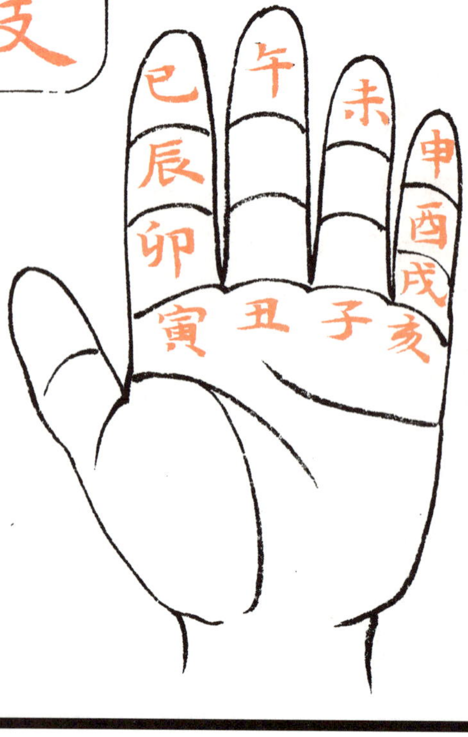

天干

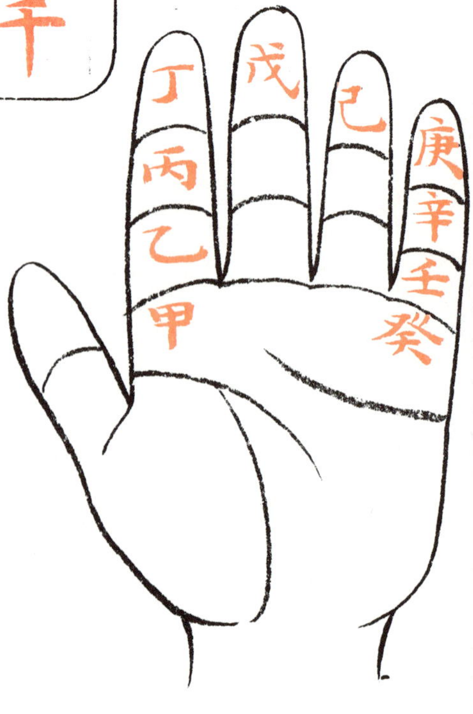

干支字謎

顛倒不自由	甲
反哄了魚兒上鈎	乙
两人便把一人丢	丙
可惜人心不應口	丁
要成就終難成就	戊
一點兒把不到心頭	己
欲問平康將八字推求	庚
薄幸人藏頭十分露醜	辛
任他人去恨悠〃	壬
興發時抛却弓鞋懶繡	癸

文化

子	好良宵正與女孃偕佳人抽身 去得快
丑	扭著她卻把那手推開
寅	演出那百般態淚珠兒點滴落 窗臺
卯	柳腰斜依欄杆外又將那木槿
辰	振精神步香階即時不見那秀 才
巳	已還書齋
午	許訂佳期毀前言又把相思害
未	朱帘半卷莫聊賴金釵懶向頭 上戴
申	神前伐示永合諧
酉	酒醉心狂莫點水來解
戌	荷戈人小脚兒欣然翹起來
亥	刻骨銘心何嘗又把刀兒帶